Beltz Taschenbuch 105

Über dieses Buch:
Der Psychotherapeut und Arzt Eckhard Schiffer erinnert in diesem Buch an die spielerisch-schöpferischen Möglichkeiten, die in jedem von uns vorhanden sind. Er will diese unsichtbaren Qualitäten mit den Augen des kleinen Prinzen sichtbar machen als Gegenentwurf zu einer kälter werdenden Welt, die zunehmend von Konkurrenzdruck und Leistungsdenken bestimmt wird: der homo faber gewinnt Überhand über den homo ludens. Aber nur wenn beide – der technisch orientierte homo faber und der spielende homo ludens – in uns im Gleichgewicht sind, sind wir den Herausforderungen unserer Zeit gewachsen.
Eckhard Schiffer zeigt, wie wir den homo ludens in uns gesund erhalten können und beschreibt, wie sich unsere spielerische Intelligenz, wenn wir sie nur zulassen, auf alle Lebensbereiche positiv auswirkt: auf unsere Zukunftspläne, unsere zwischenmenschlichen Beziehungen, unsere Arbeit. Anhand von Fallgeschichten und alltäglichen Erfahrungen beschreibt der Autor, wie wir die spielerische Intelligenz auch nutzen können, um Krankheit, Resignation und emotionaler Leere zu entgehen.

Der Autor:
Dr. Eckhard Schiffer ist Arzt, analytisch orientierter Psychotherapeut und hat zusätzlich ein philosophisches Studium absolviert. Im Beltz Verlag erschienen auch seine Bücher »Warum Huckleberry Finn nicht süchtig wurde – Anstiftung gegen Sucht und Selbstzerstörung bei Kindern und Jugendlichen«, »Warum Hieronymus B. keine Hexe verbrannte – Gewaltbereitschaft bei Kindern und Jugendlichen erkennen – Gewalt vorbeugen« und »Wie Gesundheit entsteht – Salutogenese: Schatzsuche statt Fehlerfahndung«.

Alexander Pey, der das Buch illustriert hat, arbeitet in Köln als freischaffender Künstler.

[redacted]

[redacted]

Eckhard Schiffer

Der kleine Prinz in Las Vegas

Mit spielerischer Intelligenz den Herausforderungen unserer Zeit begegnen

Mit Illustrationen von Alexander Pey

BELTZ
Taschenbuch

[redacted]

Besuchen Sie uns im Internet
www.beltz.de

Beltz Taschenbuch 105
2001 Beltz Verlag, Weinheim und Basel

1 2 3 4 5 05 04 03 02 01

Umschlaggestaltung: Federico Luci, Köln
Umschlagillustration: Premium, Düsseldorf
Satz: Media Partner GmbH, Hemsbach
Druck und Bindung: Druckhaus Beltz, Hemsbach
Printed in Germany

ISBN 3 407 22105 3

Inhaltsverzeichnis

Einleitung

Was ist gemeint, wo steckt das Problem?

»Es war am achten Tag nach meiner Panne in der Wüste, als ich den letzten Tropfen meines Wasservorrats trank ...
Er sah mich an und antwortete auf meine Gedanken: ›Ich habe auch Durst ... suchen wir einen Brunnen ...‹
Ich machte eine Gebärde der Hoffnungslosigkeit; es ist sinnlos, auf gut Glück in der Endlosigkeit der Wüste einen Brunnen zu suchen. Dennoch machten wir uns auf den Weg.
Als wir stundenlang schweigend dahingezogen waren, brach die Nacht herein, und die Sterne begannen zu leuchten ...
›Es macht die Wüste schön‹, sagte der kleine Prinz, ›daß sie irgendwo einen Brunnen birgt.‹
Ich war überrascht, dieses geheimnisvolle Leuchten des Sandes plötzlich zu verstehen.
Als ich ein kleiner Junge war, wohnte ich in einem alten Haus, und die Sage erzählte, daß darin ein Schatz versteckt sei. Gewiß, es hat ihn nie jemand zu entdecken vermocht, vielleicht hat ihn auch nie jemand gesucht. Aber er verzauberte dieses ganze Haus. Mein Haus barg ein Geheimnis auf dem Grunde seines Herzens ...
›Ja‹, sagte ich zum kleinen Prinzen, ›ob es sich um das Haus, um die Sterne oder um die Wüste handelt, was ihre Schönheit ausmacht, ist unsichtbar!‹ ...
Da der kleine Prinz einschlief, nahm ich ihn in meine Arme und machte mich wieder auf den Weg ...
Und während ich so weiterging, entdeckte ich bei Tagesanbruch den Brunnen«.

Antoine de Saint-Exupery

Las Vegas: Wüstenstadt in Nevada, USA, 190.000 Einwohner. Zahlreiche Spielkasinos und Spielautomatenbetriebe. 20 Millionen Besucher pro Jahr. Basis für das Atombomben-Testgelände in der Wüste Nevada.

Las Vegas ist überall: Symbol einer Wüstenlandschaft, in der Spiel und Technik den Menschen zerstören.

Damit Spiel und Technik den Menschen aber *nicht* zerstören, bedürfen wir des Spielens. Und genau darum geht es in diesem Buch.

Spielend gelangen wir zu wesentlichen Einsichten, denen wir in der Auseinandersetzung mit Fakten und formallogischen Strukturen – zum Beispiel im Schulunterricht – sonst nicht näherkommen. Es geht dabei vor allem um die Einsicht in das, was uns – und anderen – »gut tut«. Und spielerisch geht es zu, wenn wir innovativ-schöpferisch tätig sind.

Spielen wird hier als Urform des schöpferischen Handelns verstanden. Eine damit verknüpfte »Intelligenz« steht dann ganz in der Nähe der »poietischen« Vernunft, wie sie von Georg Picht in »Die Kunst des Denkens« beschrieben wird, und auf die wir in diesem Buch immer wieder zurückkommen werden.

Erinnert sei an die Welt von Huckleberry Finn, Pippi Langstrumpf und Momo. Zu diesem Spielen gehört auch innehalten und betrachtend verweilen zu können. Welt gestalten *und* wahrnehmen, dabei Unsichtbares mit den Augen des kleinen Prinzen sichtbar werden lassen. Sicherlich, idealisierte Kinder-Welten – aber eine Erinnerung an Möglichkeiten in uns selbst. In diesen Welten wirkten und wirken Ur-Kräfte: Erkundungs- und Funktionslust, Sinneserfahrung und Lust, »Ursache von etwas zu sein« und »etwas hervorzubringen«, nicht bloß passiv etwas zu erleiden, sondern aktiv auch etwas zu gestalten...[1]

Über diese Kräfte im Menschen einschließlich seiner Phantasie und Intuition wissen wir verhältnismäßig wenig, obgleich – vielleicht auch gerade weil – diese untrennbar mit dem Spielen verbunden sind. Und eben über diese Kräfte wird – spielerisch – etwas bewegt. Hans Zulliger, Schweizer Psychologe und Pädagoge, beschrieb schon vor Jahrzehnten, wie schwerkranke und gestörte Kinder gesund wurden, »bloß indem sie spielten«.[2] Auch bei Erwachsenen mit Erkrankungen vom Asthma bis zur Zuckerkrankheit und gleichfalls bei Sucht- und Gewaltproblemen können eben solche Therapien sehr wirksam sein, die von den Grundformen des Spielens abgeleitet sind. Aber nicht nur als Therapie bereits bestehender Krankheiten, sondern auch zur allgemeinen Gesundheitsförderung und im Sinne einer Vorbeugung (Prävention) erscheint das Spielen als hoch bedeutsam. Dies gilt insbesondere heute für die Prävention sexueller Gewalt gegen Kinder.

Mit den Grundformen des Spielens ist ein kindliches Spielen gemeint, bei dem das Spielgeschehen selbst schon wichtig ist und nicht erst das vorweisbare Ergebnis. Schon das Malen mit Fingerfarben oder Buntstiften ist damit gemeint und nicht erst das fertige Bild. Der schöpferische Prozeß ist also auch entscheidend und nicht nur das Produkt, das Ergebnis, der Sieg. Dieses Spielen, bei dem der Prozeß selbst schon bedeutsam ist, wird in diesem Buch mit »play« bezeichnet und steht im Gegensatz zum »match«. Bei letzterem zählt nur das Ergebnis, das Produkt, der Sieg. Beim match gilt es, »den Gegner auszuschalten« – sei es im sportlichen Wettkampf oder beim Produktwettbewerb. Und vom match bis zum regellosen »catch as catch can« ist es nicht weit. In der entfesselten Konkurrenzmentalität unserer Zeit wird dies bedrückend deutlich.

»Fair play« mit Schwachen und Kranken erscheint dringender denn je. Aber fair play setzt Spielerfahrungen im Sinne von play voraus.

Die Hauptaufgabe für die Therapeuten bei den eben genannten aus dem Spielen abgeleiteten Therapien besteht nun darin, die Patienten zu ermutigen, nicht mehr allein auf das Ergebnis oder das Produkt zu schielen – »mit meiner Tonvase werde ich mich nur blamieren, ich kann das nicht ...« –, sondern auch auf den Prozeß zu achten. Denn Spaß und Lust entfalten sich bereits schon während des Spielprozesses und werden als schöpferische, d.h. poietische Kräfte wirksam: Funktionslust, Erkundungslust, Gestaltungslust ...

Als wesentlich erscheint mir beim Spiel – dem alltäglichen der Kinder und dem der Erwachsenen –, daß es uns hilft, nicht zu resignieren. Und zwar gerade dann, wenn wir uns konflikthaft mit unserer inneren und äußeren Wirklichkeit auseinandersetzen. Spielen und Spielerfahrungen helfen uns, schwere Enttäuschungen und Kränkungen besser durchzustehen und zu verkraften. Insbesondere dann, wenn wir recht unsanft aus unseren Träumen gerissen werden, möchten wir oftmals sehr schnell resignieren, verzagen. Und in diesem Resignieren werden wir anfällig für Frustfraß, Konsumzwang oder andere Suchtangebote; für radikale Parolen, gewalttätige »Lösungen«, Sekten usw ...

Oder wir werden durch die Kränkungen krank. Diese These soll im folgenden anhand klinischer Falldarstellungen und alltäglicher Erfahrungen verdeutlicht werden, wobei unsere Aufmerksamkeit insbesondere auch dem Schulalltag gilt.

Nun ist der spielende Mensch, der Homo ludens[3], nicht ohne seinen Gegen- und Mitspieler wie auch Ergänzungspartner zu denken. Gemeint ist der Homo faber[4], der technisch zweckmäßig denkende und handelnde Mensch.

Homo ludens und Homo faber existieren als inneres Ergänzungs- und Widerspruchspaar in jedem Menschen zugleich. Dies zeigt sich nicht erst beim Budenbauen und dem Anfertigen von Puppenkleidung oder beim Video-Spiel, sondern bereits viel früher. Überall, wo Techniken – auch die einfachsten – angewendet werden, meldet sich der Homo faber. Gerade wenn es um die Ur-Kräfte im Spielen gegen Resignieren und Krankheit geht, ist es wichtig, über die Beziehung zwischen Homo ludens und Homo faber nachzudenken. Eine gelungene – literarische – Beziehung stellt offensichtlich die Begegnung in der Wüste zwischen dem kleinen Prinzen und dem notgelandeten Piloten dar. Der kleine Prinz als Homo ludens verändert die Welt des Piloten als Homo faber entscheidend, gibt ihm die Hoffnung in der Wüste. Der Pilot aber trägt den kleinen Prinzen in seinen Armen zu dem Brunnen in der Wüste. Beide zusammen verdursten nicht.

Es gibt allerdings auch andere Beziehungen zwischen Homo ludens und Homo faber. Und die sind manchmal schaurig. Als Homo creator beschreibt der Philosoph Günter Anders (1980) den »Schöpfermenschen«, der Gott ähnlich oder Gott gleich vermöge seiner Technik »spielt«, dabei Neues schafft, ohne sich über dessen Folgen ausreichend Gedanken zu machen. Als bekannte Beispiele hierfür mögen Kernspaltung und Gentechnologie dienen. Auch bei letzterer wird gewissermaßen ein Kern gespalten, nämlich der Zellkern.

Der Homo creator als Schöpfer modernster Technik hat, so scheint es, eine besondere Art, spielend nicht zu resignieren. Das Verzweifelte daran merkt er selber aber nicht, sondern nur die, die an ihm verzweifeln mögen. Damit ist nicht gemeint, daß wir »die« Technik abschaffen sollten (was gar nicht geht, weil menschliches Handeln immer auch schon technisches Handeln mit einschließt). Sondern dringend notwendig ist ein verantwortungsvolles technisches Handeln. Wissen, was »gut tut«!

Dem Homo creator ergeht es nun so wie einem Homo faber, dem der Homo ludens nichts mehr sagen kann: Ein Bruchpilot in der Wüste ohne den kleinen Prinzen – ohne es zu merken. Er ist nicht fähig, sich in die Lebenswelt anderer Menschen hineinzubegeben. So ist er auch nicht in der Lage, sich teilnehmend und mitfühlend mit anderen zu identifizieren. Das Du bleibt ihm fremd. Er ist einsam und ohne Rückbindung an die Menschen. Und an Gott sowieso. Denn der ist er ja bereits selbst. Darum droht das schöpferische Handeln des Homo creator a-sozial zu werden.

Diese Thematik kann auch an dem beruflichen Selbstverständnis des Arztes und der Ärztin weiter entfaltet werden: Wir finden den Homo faber in der so oft kritisierten Apparate-Medizin. Wir finden ihn aber auch auf der Suche nach dem Homo ludens in seiner therapeutischen Arbeit. Denn es ist für den Arzt wichtig, sich in die Lebenswelt seines Patienten hineinzubegeben, um verstehen zu können, was es für diesen, bzw. dessen Familie, heißt, wenn er plötzlich z.B.eine strenge Diät einhalten muß. Der Arzt bedarf dann einer lebendigen Phantasie, um sich zu vergegenwärtigen, welche Schwierigkeiten es mit sich bringen mag, plötzlich einen ganzen Haushalt umzuorganisieren.

Gleichzeitig bedarf der Arzt seiner Phantasie, um die Phantasie des Patienten anzusprechen. Denn es geht ja auch darum, den mit dem Essensverzicht verbundenen Frust durch andere schöpferische Möglichkeiten auszugleichen.

Auf Süßigkeiten kann nicht ohne weiteres verzichtet werden, wenn es keine anderen Möglichkeiten gibt, seelische Spannungen zu mildern. Und eben diese alternativen Möglichkeiten sind von den Grundformen des Spielens abgeleitet. Der Arzt, der nicht weiterhin nur eine Meßstunde, sondern auch wieder eine Sprechstunde abhalten möchte, bedarf also seiner Phantasie und dazu braucht er Spielerfahrungen. Ein Arzt, der nicht spielen kann, muß dies erst lernen, um ein guter Arzt zu sein.[5]

Wir finden den Arzt aber auch als Schöpfermenschen. So z. B. in der Gentechnologie und in der Fortpflanzungsmedizin. Vielleicht entdecken wir ihn als Bruchpiloten auch unter manchen Psychotherapeuten mit ihrer Vorstellung von einer perfekten Seelenökonomie des Menschen und einer perfekten, genau vermeßbaren Therapietechnik. Wissen, was »gut tut«, erscheint für den Arzt oder die Ärztin heute schwieriger denn je.

Heute droht das Spielen immer mehr »giftigen« Gegenwartseinflüssen zu erliegen, dabei zu verkommen und selbst zum Gift zu pervertieren. Ähnlich wie durch sogenannte Pflanzenschutzmittel verpestete Muttermilch die Kinder nicht nur ernährt, sondern auch vergiftet. Was beim Spielen allerdings noch viel heimtückischer geschieht, nämlich unauffälliger und in der späteren Wirkung noch intensiver. Ursprüngliche Erfahrensmöglichkeiten von Welt, die sich spielerisch entfalten, erweisen sich dann nicht mehr als schöpferisch, sondern als zerstörerisch[6]. Dies ist eine weitere These dieses Buches. Andererseits soll dargestellt werden, daß wir sehr wohl (noch) in der Lage sind, einen Teufelskreis zu durchbrechen, der sich darin zeigt, daß gegenwärtig immer mehr Spielvergiftungen geduldet und gefördert werden. Wenn wir nun aber diesen Teufelskreis durchbrechen wollen, sind wir vor allem in unserer Wahrnehmung gefordert:

* Wahrzunehmen, wann und wodurch die Spiele unbekömmlich und vergiftet werden – so wie wir mittlerweile sensibilisiert sind, wahrzunehmen, wann und wodurch unsere Umwelt und wir selbst stofflich vergiftet werden.

* Wahrzunehmen – hören, sehen, fühlen und dann auch dementsprechend handeln –, was uns Erwachsenen und unseren Kindern als Spielenden bekommt, bzw. nicht bekommt. Wissen, was »*gut tut*«!

Jugend und Spielen waren der jeweiligen Elterngeneration immer schon zu laut und zu reizintensiv. Allerdings scheint jetzt ein absoluter Gipfelpunkt in der Reizdarbietung erreicht zu sein: lauter, heftiger, greller mag es gegenwärtig kaum noch vorstellbar sein. Die jeweils eigenen Nachklänge zu einem Erlebnis werden dadurch übertönt und die eigenen inneren Bilder zugekleistert. Hingegen gehören sachte Erregung[7] und Entrückung[8] zum gelingenden Spiel, in dem Kinder wie Erwachsene »aufgehen«: das Kind, das im Sandkasten mit Inbrunst matscht, der Hobby-Eisenbahner, der Schienen und Signale kombiniert und die Abendessenszeit vergißt, der Pianist, der über sein Spielen die Welt und Zuhörer aus den Augen verliert …

Wie bedeutend dieses Aufgehen in den Raum zwischen innerer und äußerer Wirklichkeit – also den Raum zwischen Phantasie und Sandhaufen (Intermediärraum) – für Kinder wie Erwachsene sein kann, wußte früher jede Mutter, die zum fünften Mal ihre Kinder von der Straße oder aus dem Garten rief. Und es waren, von außen betrachtet, scheinbar ganz einfache, unsensationelle Situationen, in denen die Kinder aufgehen konnten. Heute ereignet sich dieses Aufgehen zumeist vor dem Video-Spiel, also zwischen

Phantasie und – ja, was? erfahrbarer, formbarer Realität? Immerhin, der Joystick und dessen Handhabung sind real. Aber hat, was damit verbunden ist, noch mit Realität zu tun? So wie sich diese früher noch in den Intermediärraum (Raum zwischen Phantasie und Realität) einspeiste?

Ein ursprüngliches Spielen wie in der Welt des Huckleberry Finn ermöglicht eine Begegnung mit der äußeren Wirklichkeit, innerhalb deren ich zumeist in einer erträglichen Form über den rauhen Charakter eben dieser Wirklichkeit desillusioniert werde. Die Enttäuschungen, die ich dabei erlebe, entmutigen mich nicht, auch weiterhin auf diese Wirklichkeit zuzugehen. So werde ich gewissermaßen gegen spätere Enttäuschungen »geimpft«.

Was aber geschieht, wenn ich das, was außerhalb meiner selbst ist, vorwiegend über den Joystick und die »mouse« erfahre? Was bedeutet das für die Entfaltung von Homo ludens und Homo faber sowie deren Beziehung untereinander? Und was geschieht, wenn sowohl die Kinder als auch die Erwachsenen in ihrem Spielen immer mehr unter die Herrschaft der »Grauen Herren« geraten? So wie dies in der Geschichte um Momo von Michael Ende so prägnant beschrieben worden ist.

Bei den Grauen Herren ist alles auf Wettkampf und Leistung hin ausgelegt: Höher, schneller, weiter. Die Grauen Herren schauen nur auf das Ergebnis, die Leistung, den Sieg. So wird unser kindliches Spielen zunehmend wettkampfmäßig als »match« organisiert. Es finden Wettbewerbe im Malen, Singen, Tanzen, Turnen, Reiten, Lesen und in vielem mehr statt. Nicht das spielerisch-schöpferische Handeln selbst, sondern nur noch die Note, das Ergebnis zählen. Und das verdirbt auf Dauer den Spaß.

Die Grauen Herren scheinen in der Geschichte um Momo aus einer fremden Welt zu kommen und die Menschen zu bedrohen. Tatsächlich geistern sie jedoch durch die Unterwelt der menschlichen Seele, beeinflussen unser Selbstverständnis und Selbstwertgefühl sowie unsere zwischenmenschlichen Beziehungen.

In diesem Buch geht es darum, die eben geschilderten Tendenzen in unserem Alltag – einschließlich Schulalltag – aufzuspüren und zu verändern. Nur so können wir die »power«, die jedem spielerisch-schöpferischen Handeln innewohnt, gegen das Resignieren freisetzen. Die Frage ist also, was wir tun können, um den Homo ludens gesund zu erhalten, damit er den Homo faber weiter in der Wüste auf dessen Suche nach einem Brunnen begleiten kann. Daß dieser nicht resignierend verdurstet oder verzweifelt meint, sich der Resignation als gottähnlicher Schöpfermensch entziehen zu können. Diesen Fragen soll »spielerisch« nachgegangen werden. Im Spielerischen das Unsichtbare sichtbar werden lassen, macht etwas von dem Zauber des kleinen Prinzen aus. Zugleich ist es eine Einladung zu einer sanften Rebellion gegen den Aberglauben, daß die Dinge eben so sind wie sie sind.[9]

Für wen dieses Buch geschrieben wurde? Für alle, die um die Ernsthaftigkeit und Bedeutung des Spielens wissen, aber nicht so ernsthafte Menschen sind, als daß sie nicht mehr spielen könnten. Jedoch – auch die letzteren seien zur Lektüre recht herzlich eingeladen.

1 Das Hervorbringen hieß bei den Griechen poiesis. Abgeleitet ist davon auch Poesie. Die o.g. Kräfte werden daher in diesem Buch auch als poietische Kräfte zusammengefaßt.
2 Zulliger, H. (1978): Heilende Kräfte im kindlichen Spiel, Frankfurt/Main.
3 So der Titel von Johan Huizingas Buchklassiker aus dem Jahre 1938.
4 Auch in Anspielung auf das gleichnamige Buch von Max Frisch (1957).
5 So heißt es sinngemäß bei Winnicott, D.W. in: »Vom Spiel zur Kreativität« (1979).
6 Beispiel: Die crash-Wettrennen von Jugendlichen mit gestohlenen Autors.
7 »Ich«-Erregung statt »Es«-Erregung (Winnicott).
8 Geläufiger ist der Begriff »Selbstentrückung«, aber diese Entrückung führt eher zum Selbst hin als von diesem weg.
9 Dies ist die Meinung des noch vereinsamten Homo faber bei Max Frisch.

Teil 1

Die Grundformen des Spielens

1.
Die Nase überall hineinstecken

»... Experimente lehren, daß nicht nur Trieb- und Körperlust, sondern auch Entdeckerlust und das Gefühl, in der Außenwelt sinnvolle Zusammenhänge bewirken und erkennen zu können, zentrale Motivatoren von Lebensbeginn an sind.«

Martin Dornes

»Als ich noch in die Vorschule ging, fragte die Lehrerin eines Tages, wozu Gott uns die Nase gegeben habe, und ein Knäblein antwortete treuherzig: ›Um Rotz darin zu haben‹. Ach, Albin, wie konntest du nur so etwas Dummes sagen, hast du denn wirklich nicht gewußt, daß die Nase dazu da ist, damit wir uns gleich jungen Hunden durch unser Kinderleben schnuppern und schnüffeln und Seligkeiten entdecken?«

Astrid Lindgren

Zu Besuch bei Freunden. Jan, damals drei Jahre alt, ist auch mit dabei. Angeregte Gespräche zwischen den Erwachsenen. Nach einiger Zeit fällt auf, daß Jan unbemerkt verschwunden ist. Er wird in einem Nebenraum aufgestöbert, mit der Nase tief über ein Goldfischglas gebeugt. Lautes Platschen, im Goldfischglas Tumult.
»Was machst du denn da – hast du einen Fisch herausgeholt?«
»Ich wollte den Fisch mal anfühlen ...«

Der Goldfisch hat das Abenteuer überlebt. Zu den Talenten des erwachsenen Jan gehört Zupackenkönnen – auch behutsam oder wenn andere schon lange »iih« schreien.

Spielend die Welt entdecken, überall »die Nase reinstecken« – merkwürdig die Schwierigkeiten, die wir Erwachsenen mit der kindlichen Erkundungslust haben. Wir verknüpfen diese Entdeckerlust mit Neugierde, und die hat in unseren Ohren eher einen schlechten Klang. Klatsch und Tratsch fallen uns dazu ein oder »durch's Schlüsselloch gucken«. Auch in unserer »aufgeklärten« Zeit fühlen Eltern sich unbehaglich, wenn Kleinkinder vor ihren Augen spielerisch – und dann noch lustvoll – ihre Sexualorgane erkunden. Na ja, und daß die Erwachsenen gegen die Untersuchung des Goldfisches vielleicht auch ihre Einwände hätten haben können, mag der Jan wohl geahnt haben. Sonst hätte er sich nicht so leise verkrümelt und nach dem erfolgreichen Abenteuer – neben dem Triumph – etwas verlegen dreingeschaut.

Astrid Lindgren hat das, was heute wissenschaftliche Beobachtungen des Kindesalters deutlich werden lassen, in der Erinnerung ihrer eigenen Jugend bereits pointiert vorwegformuliert: Die Nase ist nicht nur für den Rotz da. Es geht vielmehr um die Lust spielerischen Erkundens und

Ausprobierens. Es geht dabei gleichzeitig um die Erfahrung der eigenen Kompetenz. Und gerade diese Erfahrung ist ganz wesentlich für eine wichtige menschliche Fähigkeit, nämlich hoffen zu können. Damit ist »kundige Hoffnung« gemeint, die auf Erfahrung gründet, etwas gestalten zu können.[1]

Ohne diese frühe Erfahrung entsteht nachfolgend allenfalls ein illusionäres »wishfull thinking« – Tagträume, die den Anschluß an erfahrene und veränderbare Wirklichkeit verloren haben.[2]

Fehlt Hoffnung als kundige Hoffnung, d.h. als das Wissen um die eigene schöpferische Kompetenz, dann geht gerade in schwierigen Zeiten oft eine gefährliche Schere auf. Nämlich die zwischen einem gegenwartstypischen innerlichen Erfolgszwang und dem eben genannten, jedoch nur mangelhaft ausgeprägten Zutrauen in die eigene Kompetenz. Die daraus resultierenden inneren Spannungen führen immer wieder geradewegs zur Sucht und/oder Gewalt, insbesondere bei Jugendlichen. Auch werden dadurch Depressionen, bzw. der Ausbruch anderer Krankheiten begünstigt. Und die Lust am spielerisch-neugierigen Erkunden und Ausprobieren ist noch für eine weitere, der Hoffnung und Neugierde benachbarte menschliche Eigenschaft eine wesentliche Voraussetzung, nämlich für das Interesse.

Gesellschaftliches Desinteresse, »no hope«, »no future«, d.h. alles, was zum »Null-Bock-Syndrom« gehört, kann sich nur da breitmachen, wo Hoffnung und interessierte Neugierde fehlen. Eben darum gilt es, die Nase überall hineinstecken zu dürfen, damit »Entdeckerlust und das Gefühl, in der Außenwelt sinnvolle Zusammenhänge bewirken und erkennen zu können (...) von Lebensbeginn an« spielerisch gefördert werden.

Damit sind wir wieder bei den Erkundungen der Welt im Säuglings- und Kleinkindesalter. Für diese ist es sehr wichtig, daß sie undramatisch beginnen mögen. Es sind die Ruhe und die Sicherheit der Gegenwart von Mutter und/oder Vater, bzw. einer konstanten Bezugsperson, die dem Kind einen Spielraum schaffen, in dem es Wahlmöglichkeiten für sein eigenes spontanes Handeln hat.

Behüten und gewähren lassen! Hinzu kommen die Konstanz der Situation und des Raumes. Alles ermöglicht ein Lernen unter geringer emotionaler Spannung (»low-tension-learning«). Für die »Ich-Entwicklung« des Kindes, d.h. für die Fähigkeit, aus zunehmender *eigener* Kompetenz heraus Welterfahrung zu organisieren, stellt dies eine wesentliche Voraussetzung dar.[3]

Der ungarische Arzt Michael Balint spricht in diesem Zusammenhang von der »harmonischen Verschränkung« zwischen dem Kind und seiner umgebenden Welt. In dieser Situation »fühlt ein gesundes Kind wenigstens eine Zeitlang, daß kein bedeutsamer Unterschied zwischen seinen eigenen Interessen und denen seiner Umwelt besteht; das heißt, es lebt in einer befriedigenden Verschränkung mit seiner Umwelt«.[4] Hierfür ein Beispiel: Julia, 10 Monate alt, sitzt in ihrem Stühlchen am Frühstückstisch zusammen mit ihren Eltern. Sie hangelt mit ihren kurzen Ärmchen nach einem Löffel, der ihr Interesse erregt hat. Die Eltern erfassen sofort, daß ihre Ärmchen zu kurz sind, um aus eigenem Vermögen heraus den Löffel zu packen. Unauffällig-beiläufig schiebt ihr Vater den Löffel in ihre Reichweite, so daß Julia den Löffel erfassen und freudig damit auf Tisch und Teller schlagen kann. Aus Julias Sicht war es *ihre* Anstrengung allein, mit der sie sich den Löffel verfügbar gemacht hat. Daß ihre Ärmchen noch zu kurz waren und sie der Hilfe oder

»Assistenz« des Vaters dazu bedurfte, ist von ihr als für den Handlungserfolg bedeutsame »Fremdunterstützung« gar nicht wahrgenommen worden.

Die beobachtende Säuglingsforschung hat aber auch gezeigt, daß der Säugling schon sehr früh – in mancher Hinsicht sogar von Geburt an – zwischen sich und seiner Mutter unterscheiden kann.[5] Jedoch ereignen sich das Nähren, Pflegen, Liebkosen sowie das Spielen in einem *gemeinsamen* Interessens- und Stimmungsraum, den Mutter (und Vater) und Kind gemeinsam gestalten. Aufgrund dieser gleichsinnigen Interessenslage werden größere – und damit eher schädliche – Spannungen zumeist vermieden.[6] Gemeint ist damit nicht, daß in einer eher spannungsarmen Situation das Kind weltabgewandt still ist und schläft, sondern daß es bessere Möglichkeiten hat, seinem Interesse gemäß die Welt zu erkunden.

Vermindert wird Spannung auch, wenn das Kind gestillt oder anderweitig liebevoll gefüttert wird. Stillen ist hier in einem umfassenden Sinn zu verstehen, nämlich dergestalt, daß keine zusätzlichen Reize, wie z.B. technischer Lärm, die verminderte Spannung wieder erhöhen. (Solcher Lärm wäre vom Lärm, den die Geschwister mit ihren Stimmen produzieren können, zu unterscheiden.) Wesentlich ist: Spielen in der Situation des Lernens unter verminderter Spannung oder den »freundlichen Weiten der harmonischen Verschränkung« ist die bestmögliche frühe Welterfahrung.[7]

Einer Korrektur bedürfen aus dieser Sicht die Einstellungen, aus denen heraus Säuglingen und Kleinstkindern schon lange Reisen und häufige Ortswechsel zugemutet oder die Kinder im Tuch auf dem Rücken auf lärmende Partys mitgenommen werden. Es ist nämlich nicht nur die äußere Gegenwart der Bezugspersonen wichtig, sondern auch die – vom Kind wahrgenommene – situative Konstanz, wie der Platz am Tisch oder das eigene Bettchen vor dem sicheren Hintergrund interessierter elterlicher Resonanz.

In dieser Sphäre kann sich das Kind von den Eltern lösen und in *seinem* Tun nach eigenen Vorgaben entfalten. Es muß sich nicht ängstlich an die Eltern anklammern, weil die Umgebung zu oft wechselt und zu viel Neues birgt. Auch ist das Kind nicht ständig in die wechselnden Interessen und situativen Gestimmtheiten der Erwachsenen eingezwängt.

Aus der ruhigen Sicherheit des Alltäglichen entstehen die anfänglichen Spielräume, in denen das Kind über sich selbst, die Menschen und die Welt aus eigener Erfahrungslust heraus viel erfährt: Wie die bunten Bauklötze schmecken, wie sie übereinander gebaut werden können, wie es klingt, wenn sie auf den Fußboden prasseln oder wenn man damit auf den Tisch haut ... Die Mutter, der Vater oder eine anderweitige konstante Bezugsperson sitzt daneben und schaut dem Kind interessiert zu, ist ihm dienlich, stimmt sich auf die Interessen ein und hat – bis zu einer gewissen Grenze – auch Spaß daran, die Klötze immer wieder vom Fußboden aufzuheben, um dem Kind diese mit freundlicher Geste zu reichen. In dieser Situation, die von der Stimmung her viel Ähnlichkeit mit der eben beschriebenen harmonischen Verschränkung hat, entfaltet sich zugleich auch ein wortloser Dialog. Denn das Erleben des Kleinkindes bleibt nicht »privat« für dieses, sondern wird zu einem sozialen Ereignis und damit zugleich zu einer Beziehungsangelegenheit. In dem einfühlsamen Miteinander, in dem Eltern und Kind sich spielend begegnen, wird für das Kind zugleich eine sehr wesentliche Frage beantwortet: »Siehst du, was ich fühle?«[8]

Wahrscheinlich wird hierbei auch Grundlegendes für den »sensus communis«, den Gemeinsinn, geprobt. Gemeint ist die spätere Fähigkeit, den Standpunkt des jeweils anderen zu verstehen, d.h. an einer fremden Lebenswelt verstehend teilzunehmen. Der Weg zum sensus communis führt über zwei Stadien: nämlich zuerst zu dem schon erwähnten Spielen im Sinne von play und von dort zum »fair play«. Fair play meint, den anderen im Spiel wahrzunehmen, ihm zu helfen, sich in seinen Möglichkeiten zu entfalten und nicht wie bei dem match »auszuschalten«.[9] Wenn Kinder aus solchen Spielerfahrungen heraus dann mit Gleichaltrigen (in der peer-group) spielen, können sie in einem gewissen Umfange ihre positiven Erfahrungen mit fair play und Toleranz an diejenigen weitergeben, die nicht ausreichend diese Spielräume mit gleichsam dialogischer Einfühlung durchlebt haben.[10]

Für das Kind erscheint es nun in den ersten Lebensphasen als »selbstverständlich«, daß Eltern und Bezugspersonen ihm beim Erkunden der Welt unauffällig »assistieren« und wohlwollend an seinem Erleben teilnehmen.

Aus der Sicht der Erwachsenen macht das Kind dabei zweierlei Erfahrungen: Es erlebt seine eigenen Möglichkeiten, wie das Lutschen an den Fingern, Lallen, Summen, Plappern, Schreien, Strampeln und Wegschubsen der Decke, zum anderen die freundliche, unauffällige Assistenz. Diese Hilfe wird als »Fremdleistung« der Eltern oder gleichsam »prothetische« Funktion zunächst nicht erkannt.[11]

So kommt es zu einem Gefühl, alles zu können und auf keine Grenzen zu stoßen.

Das Gefühl uneingeschränkter Wirkmächtigkeit (»Omnipotenzgefühl«) wird erst später erschüttert, wenn es aus der Sicht der Erwachsenen darum geht, das Kind schrittweise zu desillusionieren, d.h. die unauffällige Hilfe weniger werden zu lassen. Entscheidend ist in dieser Phase der Desillusionierung, daß dabei der Spaß, die Welt zu erkunden, nicht verloren geht, das Kind nicht entmutigt wird.

Zum Glück gelingt die erste Bewährungsprobe in dieser Hinsicht immer (sofern nicht schwere körperliche Störungen vorliegen): nämlich das Laufenlernen. In dieser Zeit erfährt das Kind seine Grenzen und zugleich seine eigene wachsende Kompetenz. Grenzen bedeuten Inkompetenz und auch Demütigung. Wachsende Kompetenz hingegen schließt die verlockende Möglichkeit ein, die eingrenzende Welt der Erwachsenen aus eigener Kraft verlassen zu können. So wie Jan die einengenden Räume der Erwachsenen verlassen konnte, um bei dem Goldfischglas einen eigenen Abenteuerplatz zu suchen. Das Gefühl uneingeschränkter Wirkmächtigkeit geht dabei trotz aller Desillusionierungserfahrungen nicht ganz verloren. Auch aus unseren Erwachsenenträumen wissen wir, daß wir zaubern und fliegen können, erfolgreiche Beschwörungsrituale vollziehen, kurzum die unglaublichsten Dinge vollbringen. Durchgängig finden wir ähnliches noch im Spiel älterer Kinder. »Lebensgefährlich« war es wohl oft, wie Astrid Lindgren rückblickend auf die Spiele in ihrer Kindheit schreibt.

Zu einer Steigerung dieser Omnipotenzhaltung kommt es insbesondere bei den Jungen vor und während der Pubertät. Darüber hinaus aber auch noch sehr häufig bei den Erwachsenen und ihren modernen Abenteuern der Hochrisikosportarten oder ihrem Verhalten im Straßenverkehr.[12] Dies wird uns in den nächsten Kapiteln noch mehrmals beschäftigen, wobei auch der Unterschied zu der Freude und der Erregung aufgrund der eigenen tatsächlichen Kompetenz verdeutlicht werden soll. Gemeint sind die Lust und Freude, in der Außenwelt sinnvolle Zusammenhänge bewirken und erkennen zu können, sich auszukennen und real Einfluß zu nehmen und zu gestalten. Die eigene Kompetenz führt zu neuen, bislang unbekannten Ufern, oft einhergehend mit einem abenteuerlichen Gefühl, so einer Art von ängstlich-lustvollem Grummeln im Bauch. Michael Balint nennt dieses Gefühl »thrill«. Dazu gleich mehr im nächsten Kapitel.

1 Docta spes als »kundige Hoffnung«, so Ernst Bloch (1959) in: Das Prinzip Hoffnung, Frankfurt/M.

2 Ebenfalls bei Ernst Bloch »Das Prinzip Hoffnung«.

3 Paul Gärtner verdanke ich den Hinweis auf die vergleichende Verhaltensforschung: auch Tier-Junge hören auf zu spielen, wenn sie Anspannung spüren.

4 Balint, M.(1960/1994): Angstlust und Regression, Stuttgart.

5 Es besteht also keine dauerhafte »symbiotische Verschmelzung«. Hier bedurfte das psychoanalytische Theoriegebäude zu diesem Thema einer Korrektur und Ergänzung. S.a. Martin Dornes (1996): Margret Mahlers Theorie neu betrachtet, Psyche, 50. Jg. S. 989–1018

6 Diese Schilderung ist nun aber nicht so zu verstehen, daß ständig totale Harmonie gefordert ist oder sein muß, z.B. wenn das Kind krank ist und nachts aufwacht, und dabei getröstet werden will, die Mutter hingegen auf ihren Nachtschlaf angewiesen ist. Winnicott versucht diesem Problem gerecht zu werden, indem er von der »hinreichend guten Mutter» spricht.

7 Auch hier bedurfte die psychoanalytische Theoriebildung einer Richtungsänderung. (Siehe auch Dornes, M. (1993): Der kompetente Säugling. Die präverbale Entwicklung des Menschen. Frankfurt/M.) Die psychoanalytische Theorie war, bzw. ist immer noch zum Teil an einem Säugling orientiert, der gierig unter hoher Erregung an der Brust trinkt, um dann selig-matt in den Schlaf zu sinken. Ein lustvolles, nuancenreiches und eigenmotiviertes Erleben von Welt gehörte bislang kaum in die Perspektiven der psychoanalytischen Theorie zum Säugling.

8 Gemeint ist damit das »communing attunement«, David Stern. Zitiert nach Dornes, M. (1993): Der kompetente Säugling. Die präverbale Entwicklung des Menschen.

9 Fair play wird hier auch als Ausdruck eines Bedürfnisses nach Intersubjektivität oder eines Bindungstriebes (Bowlby zit. n. Dornes) verstanden.

10 In der offenen Jugendarbeit ist es aber entscheidend, daß für die Integration von Kindern und Jugendlichen mit größeren Defiziten pädagogisch kompetente Kräfte mitwirken.

11 Unbeschadet dessen gilt, daß der Säugling bereits in vielerlei Hinsicht ein von ihm unterschiedenes Gegenüber erkennt, mit dem er einen Dialog aufnimmt.

12 Hier haben wir es dann offensichtlich mit einer eher negativen Erscheinungsweise der Omnipotenzhaltung zu tun.

2

Die Sache mit dem »Thrill« (Angstlust) und dem »Flow« (Fließen)

» … in unseren Spielen waren wir herrlich frei und nie überwacht. Und wir spielten und spielten und spielten … Wir kletterten wie die Affen auf Bäume und Dächer, sprangen von Bretterstapeln und Heuhaufen, wir krochen quer durch riesige Sägemehlhaufen, lebensgefährliche unterirdische Gänge entlang und wir schwommen im Fluß, lange bevor wir überhaupt schwimmen konnten... Ich kann mich auch nicht erinnern, daß unsere Mutter uns je Vorwürfe gemacht hätte, wenn wir mit zerrissenen oder beschmutzten Kleidern nach Hause kamen. Wahrscheinlich hielt sie solche Pannen, die im Eifer des Spiels passieren konnten, für das gute Recht eines Kindes. ... Diese Freiheit zu haben hieß aber keineswegs, ständig frei zu haben. Daß wir zur Arbeit angehalten wurden, war die natürlichste Sache der Welt. Schon mit sechs Jahren mußten wir beim Rübenverziehen und Rupfen der Brennesseln für die Hühner helfen.«

Astrid Lindgren

Urlaub an der schwedischen Ostküste. Unser Ruderboot liegt in einem kleinen ruhigen Fjord. An dessen Mündung – mit einigen vorgelagerten Schären – wird es schon windiger, und die Wellen sind höher. Wind, Strömung, Wellengang und die Höhe der Klippen unter dem Wasserspiegel sind für mich ortsfremde Landratte nur schwer einzuschätzen. Trotzdem wage ich mich in lustvoller Stimmung mit Schwimmweste und einem unterschwelligen »Grummeln« im Bauch zwischen den Schären immer weiter hinaus.

Eine hohe Welle erfaßt das Boot. Ich habe den Eindruck, ich kann es nicht mehr ausreichend dirigieren. In jetzt eher ängstlich-gespannter Gestimmtheit wende ich, erlebe lustvoll, daß das Manöver gelingt und rudere entspannt einige Schläge auf die sichere Fjordmündung zu, von Wellen und Strömung getragen, um das ganze Spiel gleich noch einmal von vorne zu beginnen. Diesmal geht's noch etwas weiter hinaus. Beim dritten Mal muß ich lachen. Mir fallen meine Vorüberlegungen zu diesem Buch ein: Aus dem sicheren Hafen (hier dem Fjord) in die gefährliche Welt vermöge eigener Beweglichkeit lustvoll sich hinauswagen, bis die Stimmung ins Ängstliche umzukippen droht, um dann wieder mit Wohlbehagen in die Sicherheit zurückzukehren. Letzteres ebenfalls vermöge der Eigensteuerung – hier sogar in einem zweifachen Sinne.

In der Nähe dessen liegt auch das beliebte Spiel zwischen Mutter (oder Vater) und Kind, bei dem das Kind sich entfernt und versteckt. Die Mutter muß dann so tun, als würde sie es nicht mehr sehen und laut nach ihm rufen. Das Getrenntsein von der Mutter wird bis zu einem – bald eher angstgefärbten – Umschlagspunkt spannend-lustvoll erlebt. Das Kind taucht jetzt laut kreischend wieder auf und nnt unter einem lustvollen Erleben nachlassender »Angst-Spannung« in die weit geöffneten Arme der Mutter zurück. Auch dieses Spiel kann beliebig oft wiederholt werden. Entscheidend ist dabei, daß das Kind selber bestimmen kann, wie weit es sich entfernt und wann es umkehrt.

Die Situation der abklingenden Spannung (low-tension) ist hierbei auf den »sicheren Hafen« in den Armen der Mutter (oder des Fjords) beschränkt. Dem gegenüber steht der »thrill« oder die »Angstlust« – wie man den von Michael Balint in die wissenschaftliche Diskussion eingebrachten englischen Begriff etwas umständlich übersetzen mag.[1]

Jedes Menschenkind hat den erregenden Triumph erlebt, sich aus der erbärmlichen »nicht sehr heldenhaften Haltung auf allen vieren« (Balint) zu erheben und auf eigenen Füßen zu stehen und dann auch noch gehen zu können. Ähnliche Triumphgefühle stellen sich auch in allen anderen Situationen ein, in denen das Kind Fähigkeiten erwirbt und vervollständigt, um der Welt mit ihren »Objekten« (den Menschen, Tieren und den unbelebten Dingen) begegnen zu können. *Selber* aus der Tasse trinken, das Buch umblättern, im Sandkasten matschen, nach dem Goldfisch greifen ... – all dies bereitet triumphales Vergnügen.

Die Zeit um das zweite und dritte Lebensjahr herum ist jedoch nicht nur die Zeit der Triumphe, sondern auch die Zeit der Enttäuschungen, Ängste und Demütigungen. Wie behutsam auch die Eltern sich aus der harmonischen Verschränkung lösen, die unauffällige Hilfe in der nahezu vollständigen Einfühlung (»communing attunement«) vermindern mögen, die schmerzliche Erfahrung, nicht uneingeschränkt über die Welt und ihre Objekte verfügen zu können, bleibt keinem Kind erspart. So stehen in dieser abenteuerlichen Zeit zwei gegensätzliche Erfahrensweisen der Welt unvermittelt gegenüber: Triumph und Niederlage. Im Triumph sind die Objekte der Welt wie in der harmonischen Verschränkung verfügbar, »weich« und nicht widerständig, »fließen« mit den spontanen Vorhaben mit, haben kaum eine eigene Identität im Sinne einer widerspenstig-feindseligen Gegen-Ständlichkeit. In der Niederlage, im Stolpern, im Fallen, im Nicht-Bekommen und im »Im vollen-Laufe-am-Straßenrand-gebremst-werden« sind die Objekte hart, abweisend, widerspenstig, sperrig, gegenständlich, und damit in ihrer Verfügbarkeit und Freundlichkeit vom Verlust bedroht. Das Kind erlebt diesen gewaltigen Unterschied vor allem in seinem Spiel: hier der Erwerb neuer Fähigkeiten, dort die – allmähliche – Aufkündigung der unauffälligen Assistenz.

Das Paradies der ständigen harmonischen Verschränkung geht dabei verloren. Aber neue Fähigkeiten vermögen es scheinbar immer wieder zurückzurufen. Das spannungsvolle Hin- und Hergerissensein wiederholt sich nun – meist unbewußt oder unreflektiert – lebenslang in allen Situationen, in denen sich neue Kompetenz entfaltet oder das Erleben von Inkompetenz im Vordergrund steht. Das gilt insbesondere für die Schule, aber ebenso für alle anderen Felder zunächst assistierter und dann eigenständiger Kompetenzentfaltung. Und es gilt allemal auch für die Neugierde, die Lust am Ausprobieren sowie für das Interesse, sich weiter zu bilden, also da, wo jeder bald sein eigener Lehrer ist.[2]

Was uns – lebenslang – später noch zur Kompetenzentfaltung motiviert, d.h. bewegt, ist in sich selbst stark bewegt. Eine kleine Skizze soll verdeutlichen, wie dies optimal verlaufen könnte.

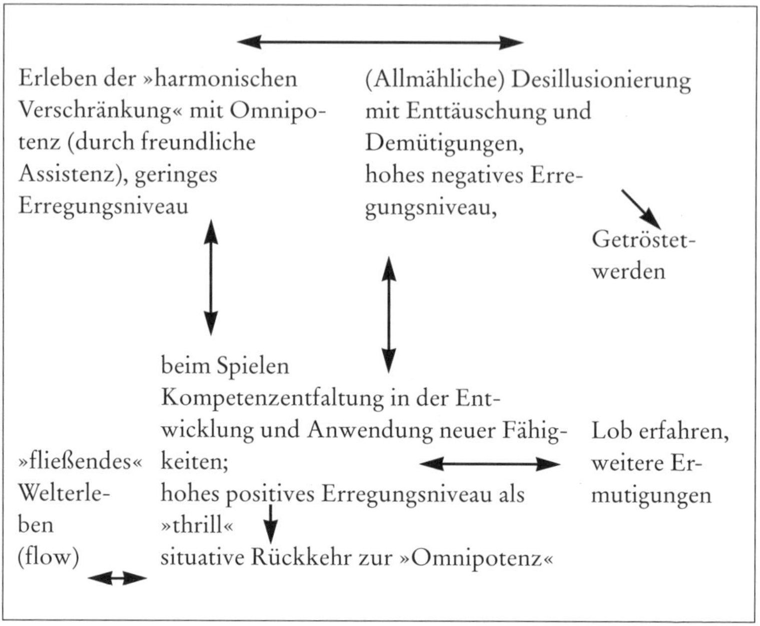

Die vor- und zurückweisenden Pfeile in dieser Skizze sollen darauf hindeuten, daß die unterschiedlichen Erlebensweisen zeitlich eng nebeneinander liegen, oft auch ineinander verwoben sind. Lachen und Weinen gleichzeitig – ein eigentümlicher Prozeß!

Michael Balint verweist hierzu erläuternd auf die Zeit, in der ein Kind laufen lernt. Indem es sich immer mehr vom Boden löst und zugleich auch behender wird, ist es immer weniger auf die freundliche, unauffällige Assistenz der Eltern angewiesen – zu der es jedoch fortwährend noch zurückstrebt und auch zurückkehrt.

Das Erleben, sich vom Boden lösen und weitere Spielräume vermöge eigener Kraft erobern zu können, findet seine intensive Fortsetzung im Springen, Klettern, Balancieren und Fahrradfahren... Die Bodenhaftung läßt nach, die Welt wird immer risikoreicher: Gerade noch die triumphale Geste, dann der Sturz und das bitterliche Weinen.[3]

Es sind nun zwei unterschiedliche Verhaltensmuster, die entstehen können, wenn der Verlust des Paradieses, der harmonischen Verschränkung und der freundlichen Assistenz als zu heftig, zu kränkend und letztlich ohne ausreichenden Trost als krankmachend erlebt wird. Beide Verhaltensmuster, die sich bei den meisten Erwachsenen mehr oder weniger deutlich ausgeprägt als »Normalbefund« wiederfinden, zielen im Grunde auf eine Wiederherstellung, bzw. den Erhalt paradiesischer Zustände. Wird deren Verlust unbewußt ganz und gar nicht akzeptiert, können diese Verhaltensmuster sich immer stärker pathologisch, d.h. krankhaft eingefärbt darstellen.

Das eine Verhaltensmuster meint ein verzweifeltes Anklammern an die ehedem paradiesischen Objekte, die aber unter dem Festhalten ihre freundliche Qualität verändern wie ein Stück Schokolade, das zu lange und zu fest in der Hand gehalten wird. Die andere vermeintliche Möglichkeit, das Paradies zu erhalten, stellt auf die neu erworbenen Fertigkeiten ab. Auf eigenen Füßen, mit akrobatischen Sprüngen die verlorenen freundlichen Objekte einholen! Bei dieser Reaktion auf den Paradiesverlust ist die Unterschiedlichkeit von schmerzlichem Verlust und triumphaler Erfahrung – eben vermöge eigener Fertigkeiten gleichsam in das Paradies wieder zurückspringen zu können – als existentiell bedeutsam erlebt worden. Sie motiviert dazu, wie ein Akrobat diese Fähigkeiten technisch immer weiter zu vervollständigen, um immer leichtfüßiger und virtuoser in das Paradies zurückspringen zu können. Am Ende steht mitunter die Illusion, vermöge der eigenen Kompetenz zur paradiesischen Allmacht zurückkehren zu können. So erscheint es auch als kein Zufall, daß z.B. von tollkühnen Bungeespringern oder Drachenfliegern *nach* dem »thrill« eine intensive Art des Erlebens angestrebt wird, die durchaus an die paradiesischen Zustände in dem Allmachtserleben erinnert.

Gemeint ist ein Zustand, »in dem ein Mensch so in sein Tun vertieft ist, daß er das Gefühl hat, mit seiner Tätigkeit mitzufließen (...) Dieses Gefühl der vollständigen Harmonie und Selbstvergessenheit zu erreichen ist offenbar für viele Gefahrensucher ein wesentliches Motiv ihres Handelns«.[4] Der aus Ungarn stammende Psychologe Mihaly Csikszentmihalyi (sprich: Tschiksentmihali) beschreibt dieses angestrebte Empfinden als »flow«.[5] Ohne Michael Balint zu nennen, beschreibt er aufgrund eigener Untersuchungen (d.h. Befragungen) in sehr ähnlicher Weise die Abfolge von ängstlich-lustvoller Erregung (thrill) und darauffolgend »diesen fließenden Zustand, in dem Handlung und Bewußtsein verschmelzen«.[6] Er unterscheidet zwischen deep flow (tiefem Glück) nach großer Erregung (sozusagen nach einem »maxi-thrill«) und micro flow (kleinem Glück) nach kleiner Erregung. Mit letzterem würde er auch meine Ruderboot-Erlebnisse beschreiben.[7]

Wenn wir wieder den Balintschen Überlegungen folgen, stoßen wir bei der Betrachtung des Akrobaten, der in das Paradies zurückspringen möchte, noch auf einen anderen Aspekt: So ist nach Michael Balint *jeder*, der willentlich die Bodenhaftung aufgibt und dabei auf den Boden zurückstürzen könnte, ein Akrobat. Also jeder, der sich exponiert und (ab)stürzen könnte. So gibt es die Akrobaten unter der Zirkuskuppel, auf der Schneepiste und auf dem Pferderücken ... Aber genauso gibt es auch den Akrobaten als Künstler – z.B. den Dirigenten oder avantgardistischen Maler –, den Akrobaten als Wissenschaftler, Redner, Politiker und Börsenspekulanten. Und fast alle haben ein Geheimnis. Sie haben ihr magisch-gutes Objekt, an das sie sich klammern, wenn sie die Bodenhaftung riskieren: Der Artist unter der Zirkuskuppel hat das Trapez, der Pistenfahrer seine Skistöcke, der Springreiter die Zügel, der Dirigent den Taktstock, der Maler den Pinsel ... Aber was hat der Wissenschaftler? Nun, der hat seine Methode. Der Redner sein Konzept, der Politiker sein Programm und der Spekulant den heißen Tip. Und ich als ziemlich mittelmäßiger Ruderakrobat hatte natürlich meine Ruder zum Anklammern (und die Schwimmweste, die mich »mütterlich« trug).

Schaudern überfällt uns erst, wenn der Akrobat eben dieses geheime gute Klammerobjekt auch noch aufgibt – wie beim Salto mortale, dem Todessalto.

Sowohl die Akrobaten als auch die Klammerer treten demnach selten in »Reinkultur« auf, sondern eher in den unterschiedlichsten Mischungsverhältnissen, die bei den meisten auch noch nach »Tagesform« und Außensituation variabel gehalten sind.[8] So haben die Akrobaten ihre magischen Klammerobjekte. Und auch die Klammerer haben ihre akrobatischen Möglichkeiten, wie z.B. im Traum, Tagtraum oder in einem tatsächlichen Ausbruch – dies allerdings sehr oft, ohne sich vorher Fertigkeiten und Techniken anzueignen. Mehr darüber gleich im nächsten Kapitel.

1 Balint, M. (1960/94): Angstlust und Regression, Stuttgart.
2 S. hierzu auch die Beiträge von Theo Harthog, Kp. 6 und Ulrich Weiß, Kp. 13.
3 Zu einer Neuauflage dieses Geschehens – einschließlich Korrekturmöglichkeit oder Verstärkung bisheriger Verhaltensmuster – kommt es dann in der Pubertät. Hier geht es erneut darum, »auf eigenen Beinen stehen zu können« und sich aus der Sicherheit und Assistenz des Elternhauses zu lösen. Auch deswegen ist die Pubertät so dramatisch und gefährlich. Denn »auf eigenen Beinen zu stehen» schließt in unserer Konkurrenzgesellschaft auch den Aspekt der Selbstbehauptung mit ein. Dabei wird jungen Männern eine ungehemmtere Entfaltung ihres in der Pubertät verstärkten aggressiven Potentials zugebilligt als jungen Frauen. Ein abschreckendes Beispiel hierfür ist der Straßenverkehr. Unfallstatistiken zeigen, daß Männer zehnmal häufiger als Frauen in Unfälle verwickelt sind, in denen es um »Selbstbehauptung« ging. – Renate Kosuch verdanke ich auch folgenden Hinweis: Auf dem 10. Kongreß »Frauen und Schule«, der im März 1996 an der Carl von Ossietzky Universität in Oldenburg stattfand, berichteten die österreichischen Soziologinnen Cheryl Bernard und Edith Schlaffer im Eröffnungsreferat »Das Patriarchat auf dem Lehrplan«, daß Mädchen in der Grundschul- und Mittelstufenzeit bereits immer wieder Gewalterfahrungen machen. Diese führen dazu, daß Selbstbehauptung und (Raum)forderungen weniger deutlich vertreten bzw. auch aufgegeben werden und die Mädchen in der Oberstufe meist angepaßter als die Jungen sind. Dahinter stehe Resignation. Diese werde jedoch mit ihren Folgen von der (schulischen) Umwelt als angenehm wahrgenommen. Die Schule schaffe es heute nicht mehr, einen sicheren Ort für alle und zu deren Selbstentfaltung im Sinne des fair play zu gewährleisten.
4 Aus: »Gesicherter leben«, Zeitschrift der LVA Hannover, 4/95.
5 Csikszentmihalyi, M. (1992): Flow... Das Geheimnis des Glücks.
6 »Die besten Momente ereignen sich gewöhnlich, wenn Körper und Seele eines Menschen bis an die Grenzen angespannt sind in dem freiwilligen Bemühen, etwas Schwieriges und etwas Wertvolles zu erreichen. Ein Kind erlebt das, wenn es mit zitternden Fingern die letzten Klötze auf einen Turm legt, der höher als jeder andere ist, den es bislang gebaut hat; für einen Geiger ist es vielleicht der Versuch, eine komplizierte Passage zu beherrschen. Für jeden Menschen gibt es Tausende von Gelegenheiten, über sich selbst hinauszugehen... Auf längere Sicht geben optimale Erfahrungen einem ein Gefühl von Kontrolle über sich selbst – vielleicht besser ein Gefühl, teilzuhaben an der Festlegung dessen, was den Sinn des Lebens ausmacht – und das ist dem, was wir gewöhnlich unter Glück verstehen, so nahe, wie man ihm jemals gelangen kann.« (aus: Csikszentmihaly, M. (1992): Flow – das Geheimnis des Glücks.) Im Grunde beschreibt M. Csikszentmihaly m.E. das »ozeanische Gefühl«. Diesen Begriff hat S. Freud aus einem Briefwechsel mit Romain Rolland übernommen: »Ein Gefühl, das er die Empfindung der ›Ewigkeit‹ nennen möchte, ein Gefühl wie von etwas Unbegrenztem, Schrankenlosem, gleichsam ›Ozeanischem‹«; Freud, S. (1930): Das Unbehagen in der Kultur. William Niederland beschreibt ebenfalls eine Abfolge von Erregung und ozeanischem Gefühl: »Es ist wohl möglich, daß bei manchen Künstlern diese beiden affektiven Zustände (die Stürme und das ›Ozeanische‹ Gefühl) nebeneinander bestehen oder vielmehr die Tendenz haben, sich zu vermischen. Ein Lyriker, der in Analyse war, sprach von seinen Gefühlen zuerst von einem ›kosmischen Tosen‹ und später von ›etwas Schwebendem, Schwingendem, etwas nicht Faßbarem, Ausgedehntem‹, so als ob für ihn die Zeit stillstünde.« Psyche (1978) 32. Jg. Seite 350

7 Das Modell von Csikszentmihalyi halte ich als empirische Untermauerung der Thesen Balints für wichtig. In seiner Interpretation des Modells fehlt bei Csikszentmihalyi m.E. jedoch eine ausreichende Kritik des selbstgefälligen oder nicht selten auch selbstzerstörerischen und süchtigen Rückzuges in den »deep flow«, wie wir es nicht zuletzt bei dem pathologischen Glückspiel finden. Wesentlich sei für das flow-Erlebnis der Eindruck, alles unter Kontrolle zu haben, auch wenn objektive Gegebenheiten – wie ein brüchiger Fels beim Klettern – dagegen sprächen. Was hier nun aufschimmert, ist die Situation der harmonischen Verschränkung, in der mit freundlicher äußerer Assistenz ein Omnipotenzgefühl entsteht. Beim Klettern ist »der Tod immer in der Nähe«, heißt es in einem Befragungsprotokoll bei Csikzentmihalyi – eben weil die Assistenz, die früher vor dem Sturz bewahren konnte, jetzt gleichfalls unerkannt fehlt, müßte man ergänzen. Und warum muß der Kick, der thrill immer reizintensiver werden? Eine interessante These im Zusammenhang mit dieser Frage ist die der Selbststimulation mit vermehrter Ausschüttung von Dopamin, Noradrenalin und Serotonin im thrill (wie sie auch durch stimulierende Drogen – Kokain, Ampetamin, Ecstasy – möglich ist) und die vermehrte Ausschüttung von körpereigenen Morphinen (Endorphinen) im flow. Das Hochgefühl bei Menschen, die sich ständig zu einem Kick und deep flow stimulieren, läßt sich auf Dauer jedoch nicht aufrecht erhalten, da die selbst herbeigeführte vermehrte Ausschüttung der genannten Stoffe körperliche Gegenregulationen hervorruft. »Das Gefühl der Befriedigung läßt nach, obwohl das riskante Verhalten noch auf dem Eingangsniveau gehalten wird. Der Spieler muß – um Befriedigung zu erlangen – sein Spielverhalten steigern und produziert damit einen Teufelskreis zunehmender Abhängigkeit«. (Meyer, G./Bachmann, M.(1993): Glücksspiel, wenn der Traum vom Glück zum Alptraum wird.)

8 Wie schon erwähnt, gehören Akrobatik und Klammern zum »Normalverhalten«. Krankhaft kann es – zumindest für einen Außenbetrachter – erscheinen, wenn die Wahrnehmung des Paradiesverlustes mit soviel Kraft abgewehrt werden muß, daß weitere Entfaltungsmöglichkeiten der Persönlichkeit dadurch verhindert werden oder durch das Verhalten eine erhebliche Eigen- bzw. Fremdgefährdung heraufbeschworen wird.

3.

Vom Klammern und Springen – zwei biographische Skizzen

»Die deutsche Pippi Langstrumpf ist längst nicht so aufmüpfig wie ihre schwedische Kollegin. ›Das schwedische Mädchen ist wilder und ungebundener‹, weiß Astrid Surmatz von der Universität Göttingen, die beim Sonderforschungsbereich ›Die literarische Übersetzung‹ arbeitet. In ihrer Doktorarbeit untersucht sie die Übersetzungen des Werkes von Astrid Lindgren in Deutschland. Immer wieder offenbart sich in der deutschen Übersetzung ein erzieherischer Grundtenor. In der deutschen Fassung von 1949 beißt Pippi beispielsweise nicht in einen Fliegenpilz, sondern in einen Steinpilz. Während in Schweden schon mehrere Generationen mit der Fliegenpilzversion groß geworden seien, kritisiere man in Deutschland, daß Kindern nicht die Entscheidung überlassen werden dürfe, ob Pilze giftig seien oder nicht. Dabei sei die Fliegenpilzgeschichte eine ganz typische Pippi-Episode, in der sie die Welt wieder einmal auf den Kopf stelle. ›Hier offenbart die schwedische Pippi gerade dieses Quentchen an Verrücktheit, das der deutschen Pippi fehlt‹, sagt die Doktorandin.«

Anja Köhler[1]

Ein ängstlicher Typ sei sie schon immer gewesen, erzählte Sonja in einem Vorgespräch, zu dem ihr Hausarzt sie zu mir geschickt hatte. Seit einem Dreivierteljahr leide sie jedoch anfallsweise an heftigsten Angstzuständen mit Herzjagen, Schweißausbrüchen und Zittern am ganzen Körper. Dadurch sei sie auch in ihrem Beruf als Arzthelferin erheblich beeinträchtigt.

Angst hätte oft etwas mit Enge zu tun, sagte ich. Was denn möglicherweise im letzten Jahr um sie herum oder vielleicht sogar in ihr selbst eng geworden sein könne? Oder was ihr – im Hinblick auf das Herzjagen – wohl zu Herzen gegangen sei? »Meine Ehe«, kam prompt die Antwort.

Mit 16 Jahren hatte Sonja ihren späteren Ehemann Michael kennengelernt. »Er war meine erste große Liebe, und ich bin an ihm hängengeblieben. Wir haben uns wohl beide aneinander geklammert. Später hat er mir vorgeworfen, ich würde mich nur an ihn klammern. Dann ist er in die neuen Bundesländer gegangen. Geschäftlich. Er war da wohl auch erfolgreich. Dann hat er eine Freundin gehabt. Heute sagt er, daß das Verhältnis beendet ist. Trotzdem kommt er nur alle zwei bis drei Wochen nach Hause. Aber er findet das ganz in Ordnung.«

Ich verspürte in mir den Impuls, Sonja einen kleinen Stups zu geben. »Und das lassen Sie sich brav alles gefallen?« Sonja sah mich an. Tränen zeigten sich in ihren Augenwinkeln: »Das ist ja das Problem. Ich liebe ihn noch. Außerdem ist es wohl so, daß ich nur schwer auf eigenen Beinen stehen kann. Das sieht man mir von außen nicht so an. Alle halten mich für selbständig.« Und da war auch noch die Tochter – gerade in der Pubertät, so Sonja weiter. Eine mögliche Trennung der Eltern sei für diese ein einziges Schreckgespenst.

Zu ihren eigenen Eltern hat Sonja heute wieder eine gute Beziehung. Das sei jedoch nicht immer so gewesen. Früher habe sie ihre Eltern »kaum angetroffen«, da beide in ihrem Geschäft angebunden gewesen seien. Gelitten habe sie jedoch vor allem unter ihrer nur ein Jahr jüngeren Schwester. Durch diese habe sie sich sehr zur Seite gedrängt gefühlt. Später sei sie nur neidisch gewesen, wie selbstbewußt diese immer auftreten konnte.

Sonjas Lebensweg und ihre Ehe stellen offensichtlich kein Einzelschicksal dar. Der Sprung in den Osten als Sprung auf der Karriereleiter nach oben hat einige Ehen zerspringen lassen. Meistens waren es die Männer, die den thrill im Erfolg, im Neuen – auch dem der Partnerin – suchten. Sonjas Mann also der Akrobat und sie die Klammerin? Der äußere Schein trügt.

Auch Michael hatte seine inneren Anklammerungstendenzen. Sonst wäre er auch nicht in jungen Jahren – um Sonjas Worte zu gebrauchen – an seiner damaligen Freundin »hängengeblieben«. Auch die Dringlichkeit, eine – mütterliche – Ersatzpartnerin zu finden, nachdem er in die neuen Bundesländer aufgebrochen war, sprach für Anklammerungsbedürfnisse neben seinen akrobatischen Impulsen.

Klammertendenzen und akrobatische thrill-Suche hielten sich zunächst sowohl *zwischen* den beiden Ehepartnern als auch jeweils *in* Sonja und Michael selbst über längere Zeit das Gleichgewicht. Der jeweils *innere* Widerspruch beider wurde allerdings später mit verteilten und dann auch noch wechselnden Rollen äußerlich zwischen Sonja und Michael ausgetragen: Gemeinsam aneinander klammernd, sozusagen Hand in Hand, hatten sie zunächst auch ihre anfänglichen gemeinsamen thrill-Erlebnisse: sexuelle Erfahrungen, Heirat, Einrichtung einer gemeinsamen großen

Wohnung, dann Hausbau. Schließlich Schwangerschaft und Geburt der Tochter. In dieser letzten Phase geriet das gemeinsam ausbalancierte Gleichgewicht zwischen Klammern und Springen durcheinander. Für Michael war Sonja nicht mehr das »zuverlässige Objekt«, an das er sich nach Bedarf klammern konnte, denn Sonja war mit dem und durch das Kind beschäftigt. Im übrigen war das Kind für sie ein zuverlässigeres Klammerobjekt als Michael, der aufgrund seiner beruflichen Tätigkeit viel – zu viel für Sonja – unterwegs war. Die Spannungen spürten sie sehr wohl. Darüber zu reden waren beide jedoch nicht in der Lage.

Stumme und im Grunde beziehungslose Gemeinsamkeiten verbringen sie zunehmend vor dem Fernseher. Michaels Klammerobjekt wird die Firma, und er ist damit zufrieden (und die Firma mit ihm). Schon mit Beginn des Kindergartenalters der Tochter, verstärkt mit deren Einschulung, erlebt Sonja die Eigenständigkeit ihrer Tochter. In dem Bemühen, diese zu respektieren, schwingt sie unbewußt verstärkt zu ihrem Ehemann zurück, der jedoch mit einem neuen Klammerobjekt, nämlich der Firma, mittlerweilen gut versehen und mit einem zusätzlichen, d.h. seiner Frau, überfordert ist. Zunächst wohl eher verhalten, dann grob, schüttelt er Sonja ab. Woraufhin diese noch verzweifelter nach ihm greift. Den weiteren Verlauf dieses Dramas kennen wir schon. Nur zu bereitwillig nimmt Michael das Angebot »seiner« (!) Firma wahr, in die neuen Bundesländer zu gehen. Allerdings verschiebt sich auch sein eigenes inneres Gleichgewicht zwischen Klammerbedürfnis und Akrobatik, indem er diesen Sprung wagt. Mit dem Verlust seines »Heims« und seiner gewohnten Umgebung in der Firma braucht er ein neues Klammerobjekt. Daher hat er rasch eine neue Partnerin und ein neues Zuhause. Gleichzeitig ist diese neue Partnerin auch ein neues Abenteuer (thrill-Erlebnis). Sonja hingegen sucht und findet ihr neues – allerdings unvollständiges – Klammerobjekt wieder in ihren Eltern.

Und wo bleiben Sonjas Sprünge als innere Momente gegen das Klammern? Nun, da sind Sonjas Tagträume. In denen bereist sie die Welt, ist sie »Queen«, Geliebte, Vamp, Verführerin. In diesen Tagträumen hat sie ihre erregenden Abenteuer, gleichzeitig aber auch ihre Klammerobjekte. Denn ihre Tagträume stehen ihr jederzeit zur Verfügung. Merkwürdigerweise »funktionierte« dieses Gleichgewicht zwischen Sonja und Michael auch in der Zeit, in der dieser alle zwei bis drei Wochen nach Hause kam. Obgleich er in dieser Zeit, wie Sonja vermutete, noch weiterhin eine andere Partnerin hatte.

Angst bekam Sonja erst, als sich mit der Pubertät der Tochter etwas erneut – und jetzt für sie entscheidend – zu verschieben begann. Die ersten Wochenenden allein zu Hause ohne ihre Tochter und die Überlegungen, daß diese immer mehr auf eigenen Füßen stehen werde, erzeugten wohl den Eindruck, in einer Falle zu sitzen. Und die ist eng. Daher die Angst, mit der Sonja zu uns von ihrem Hausarzt geschickt wurde. Vor der Falle saßen übrigens zwei finstere Gestalten als Wächter. Die eine war die Gewissensnorm »Scheidung und andere Partner sind unerhört«, die andere war die feste Überzeugung: »So wie du bist, mag dich sowieso keiner leiden, laß es lieber bleiben, dann erlebst du keine Enttäuschung!«

Die Gewissensnorm »Scheidung und andere Partner sind unerhört« fand auch noch ihre äußere Verkörperung in der Tochter. Welche Möglichkeiten hatte Sonja, aus dieser Falle mit ihren Wächtern herauszukommen? Nun, mit ihren

Fähigkeiten zum Phantasieren, zum Tagträumen, brachte Sonja schon ein »Vermögen« in die Therapie mit. Was fehlte, war das Zutrauen, diese innere Welt mit der äußeren zu verknüpfen, wie es gewöhnlich beim Spiel im Kindes- und Jugendalter erlebt wird. Aber dazu hatte Sonja kaum Zeit gehabt. Im Geschäftshaushalt der Eltern war sie frühzeitig in die Pflicht genommen worden. So wurde Sonja im Vergleich zu ihrer Schwester auch früher desillusioniert, aus dem Paradies der harmonischen Verschränkung sozusagen vorzeitig hinausgestoßen – mit wenig Trost bei Kränkungserlebnissen. Und wenn sie neue Fähigkeiten entwickelte, gab es wohl eher eine Aufforderung, es vielleicht noch ein bißchen besser zu machen. Lob war wenig angesagt. Die folgende Skizze mag Sonjas Weg verdeutlichen. Dieser unterscheidet sich von der im vorausgegangenen Kapitel skizzierten, weniger schmerzhaften Desillusionierung an einigen entscheidenden Stellen:

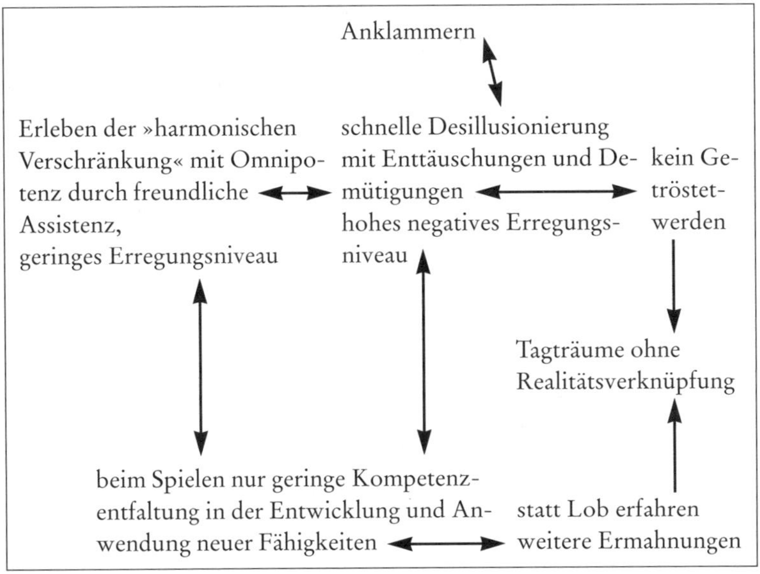

Bei Sonja mußte, wie schon erwähnt, halt alles ein bißchen schneller gehen: manierlich essen können, die Schuhe selber zumachen, die Strumpfhose anziehen, einsichtig und leise sein, wenn das Schwesterchen schlief, Mutter zur Hand gehen... Da gab es wohl öfter einen kleinen Stupser, damit das klappte. Insbesondere, wenn Sonja klammerte, sie verzweifelt nach einem helfenden und bergenden Objekt suchte, um sich daran festzuhalten, mochte es in der Eile des Geschäftshaushaltes wohl so zugehen.[2] Schließlich hatte sich Sonja daran gewöhnt, stets nach einem solchen Stupser erst aktiv zu werden. Und eben diesen Impuls, Sonja einen Stups zu geben, damit sie schnell in das einsichtig würde, was ihr vermeintlich gut täte, hatte ich ja auch zu Beginn unseres Vorgespräches verspürt.

Im Rahmen der Therapie – und hier insbesondere innerhalb der schöpferischen Gruppenaktivitäten, in denen der spielerische Prozeß im Vordergrund stand – konnte Sonja erst zaghaft, dann mutiger ihre innere unerhörte Welt mit der äußeren Welt verknüpfen. Sonja spielte, ging in Intermediärräume auf: In der Musiktherapie gestaltete sie mit einfachen Instrumenten wie Triangel, Gong und Trommel Klangbilder, über die sie ihre Stimmungen ausdrückte – sanfte Klänge meist, jedoch gelegentlich schon mal heftige, laut-aggressive Ausreißer. Sie formte sich selbst aus Ton als Vamp (zeigte mir die Figur aber nicht) und tobte sich mit Fingerfarben auf großen Papierflächen aus. Alles dies bereitete ihr zunehmend Vergnügen. »Gut fand ich, daß Sie nicht gemeckert haben, als ich meine Tonfigur nicht gezeigt hatte«, sagte sie mir zum Abschied.

Bedeutsam war der spielerische Prozeß gewesen und nicht das vorweisbare Produkt. Eine Spielerfahrung, die sie in den Einzelgesprächen dann weiter reflektieren konnte.

Über das neue Selbstvertrauen, das sie dadurch erwarb und den Mut, auf die Welt zuzugehen, wurde sie zwar keine Akrobatin. Sie konnte jedoch immerhin ihrem Mann deutlich zu verstehen geben, daß sie für sich eine andere Art von Partnerschaft wünschte und er getrost ganz wegbleiben könne, wenn er nicht häufiger erscheinen wolle. Es mag in seinen Ohren geklingelt haben!

Ich gehe davon aus, daß Sonjas Veränderung sich auch erheblich auf ihren Ehemann Michael ausgewirkt hat. Mitunter suchen die Männer dann ebenfalls eine eigene Therapie. Häufiger betäuben sie sich jedoch mit Alkohol, Arbeit oder ähnlichen Drogen.

Sonjas Mann regelmäßig ins therapeutische Gespräch einzubinden war leider nicht möglich. Sonst hätte eventuell auch die Möglichkeit bestanden, das, was die beiden an erregenden Abenteuern (thrills) und Halt anfangs gemeinsam erlebt hatten, weiter fortzusetzen. Erinnert sei an die anfänglichen gemeinsamen Sprünge – Hand in Hand – in das Leben: sexuelle Erfahrungen, Heirat, gemeinsame Wohnung usw. Auch die Begegnung mit dem eigenen Kind und die dadurch auftauchenden, scheinbar längst vergessenen Empfindungen, Phantasien, Träume und Erinnerungen zum eigenen Leben können ein gemeinsames »Abenteuer« werden. Die gegenseitigen Mitteilungen darüber wären ebenso Wagnis und Halt zugleich gewesen.

Oft scheinen solche Gespräche über die eigenen Empfindungen fast schon zu viel an »Grummeln im Bauch« mit sich zu bringen, so daß sie – wie therapeutische Ehepaargespräche zeigen – anfänglich eher behutsam dosiert werden müssen und eines vermittelnden freundlichen Dritten bedürfen. Wagt ein Elternpaar über diese Phantasien und Erinnerungen spontan das Gespräch, geschieht etwas ganz

Wesentliches: beide wissen mehr voneinander, erscheinen dem jeweils anderen als Person, die nicht so schnell ver- und auswechselbar ist. Der Partner, die Partnerin bekommt ein Gesicht. Klammerobjekte hingegen haben kaum ein Gesicht, sind leichter austauschbar, wie die Geschichte von Sonja und Michael zeigt.

Die Chance, über die Begegnung mit den Kindern noch einmal sich selbst zu begegnen und darüber im Gespräch mit dem Partner vertrauter und damit auch haltgebender zu sein, wird viel zu wenig genutzt. Ebenso auch die Chance, insbesondere nach dem ersten Kind über die sexuellen Bedürfnisse, Phantasien und Wünsche zu sprechen. Im Sprechen selbst und vielleicht auch im Handeln Neues zu wagen scheint in der Alltagsroutine schwierig zu sein. Was fehlt, sind die Freiräume, in denen sich das Elternpaar begegnen kann. Ebenso fehlen die Freiräume, in denen das Elternpaar zusammen mit dem Kind spielt. Die Abenteuerlust des Kindes kann dabei ansteckend wirken, selber ein neues Abenteuer in der Kommunikation zu wagen.

Inge und Hermann hatten ein ähnliches Schicksal zwischen Klammern und Springen wie Sonja und Michael. Jedoch dramatischer und tragischer. Ich hatte anfangs gar nicht so recht begriffen, was zwischen den beiden ablief. Erst Jahre später, nach Hermanns Tod, verstand ich die Verlassenheitsängste beider, die sich in den bildnerischen Gestaltungen von Inge widerspiegelten.

Als Testfahrer riskierte Hermann Kopf und Kragen. Seine sexuellen Beziehungen zu seinen Partnerinnen außerhalb der Ehe hatten einen ähnlichen Charakter. Inge verspürte gelegentlich Mordimpulse ihrem Mann gegenüber. Aber sie steckte ihm nur – lange vor dem Film »Rosenkrieg« – das Auto in der Garage an, was sie ihm beim Sonntagsfrühstück kühl mitteilte. Hermann lachte nur müde: »Du?« Bis eine dumpfe Detonation ihn eines Schlechteren belehrte.

Ich hatte zu dieser Zeit streckenweise ein eher sarkastisch eingefärbtes Verhältnis zu beiden. An Inge war schwer heranzukommen: Kühl, kontrolliert, distanziert bis abweisend erlebte ich sie. Nur gelegentlich war etwas von ihrer tiefen Traurigkeit und Enttäuschung über verlorene Lebensfreude zu spüren. Hermann erschien »weicher«. Ihn begleitete jedoch eine destruktiv-negative Selbstinterpretation als ständiger Schatten, dem er nicht entkommen konnte.

Voneinander lösen konnten Inge und Hermann sich nicht. Es war eine verzweifelte Gleichzeitigkeit von Bestrebungen, auseinanderzugehen und dennoch aneinander zu klammern. Auch als Inge die Kontrolle, die sie sonst Hermann gegenüber ausübte, deutlich einschränkte, änderte sich zunächst nichts. Als sich Hermann endlich für eine längerfristig konzipierte Therapie entschließt und beiden klar ist, daß es kein Zueinander mehr geben kann, verunglückt er tödlich. Inge meldet sich wieder bei mir. Ihre Maske hat deutliche Risse bekommen. Als sie aus dem ehedem gemeinsamen Haus auszieht, bricht sie zusammen. Schlafstörungen hatte sie schon immer. Jetzt kann sie gar nicht mehr schlafen.

Sie greift noch einmal das Thema auf, das sie schon vor Jahren in der Therapie bearbeitet hatte, den Weggang der Mutter. Daß die Mutter, die damals ein Kind von einem anderen Mann erwartete, zu diesem gegangen sei, habe sie später annäherungsweise noch verstanden. Nie verstanden habe sie, warum diese gegangen sei, ohne sie mitzunehmen und kein Wort darüber ihr gegenüber verloren habe.

»Was habe ich falsch gemacht, war ich böse, daß Mama ging?« Diese Frage läßt sie lebenslang nicht mehr los. Das lebhafte und aufsässige Kind wird still, zieht sich zurück. »Ich saß sehr oft unter einem großen Johannisbeerstrauch im Garten meines Vaters und träumte und wartete, daß jemand kommt und mich holt. Es kam aber keiner. Meinen Teddy hatte ich fest im Arm und ich meinte, mich unter meinem Johannisbeerstrauch sehr wohl zu fühlen«.

Als sich Inge daran erinnert und sie das Bild zu dieser Erinnerung malen kann, ist die Schutzmauer aus Beton bereits zerbrochen. Sie hat Tränen in den Augen: »Wenn ich Schmerzen hatte, habe ich mich unter dem Johannisbeerstrauch verkrochen. Zu meiner Stiefmutter bin ich nicht gegangen«. Inge galt als selbständiges Kind. »Wir brauchten uns nie um dich zu kümmern, du konntest alles«, sagte ihr später die Stiefmutter.

Hermann, ihr Märchenprinz, holt sie unter dem Johannisbeerstrauch hervor. Sie klammert sich an ihn. Er geht dann ziemlich schnell auf Distanz, kritisiert sie zunehmend. Inge hat wieder das Gefühl, ihm gegenüber, so wie bei der Mutter, alles falsch gemacht zu haben. Sie zieht sich erneut unter ihren Busch zurück, der immer mehr Dornen bekommt.

Später wird er zum Bunker mit ständig kontrollierendem Außenposten davor. Ihre Ausbrüche aus diesem Bunker werden zunehmend aggressiver und dann im Umgang mit Alkohol immer selbstzerstörerischer. In ihren Wiederholungsträumen muß sie dringend etwas suchen. Sie weiß nur nicht, was. Daneben machte Inge ihre Karrieresprünge – in einem sozialen Beruf. Sie engagiert sich bis zur Erschöpfung. »Sie (d.h. die ihr anvertrauten Menschen, E.S.) lassen mich nicht los«. Aber es ist wohl auch umgekehrt so.

Der befreiende Durchbruch in der Therapie ereignet sich in dem Augenblick, in dem Inge erstmals riskiert, etwas zu malen – ihren Johannisbeerbusch. »Der Baum über dem Busch sieht aus wie ein Atompilz – so etwas wollte ich gar nicht malen, aber das kam einfach so hervor«, war ihr Kom-

mentar. Inge kann wieder besser schlafen. Sie träumt, wie in einen Schneemann aus Gips eingehüllt zu sein und dabei nur Schaukelbewegungen vollführen zu können. Eine Lawine droht sie zu überrollen, sie macht einen verzweifelten Satz nach vorne, kippt um und findet sich unter einem Apfelbaum wieder, der sie schützt.

Tags darauf berichtet sie: »Ich habe den ganzen Tag (in der Phantasie, E.S.) unter meinem Johannisbeerbusch gesessen und mir sind Kinderlieder eingefallen. Und dann kam mir der Gedanke, daß ich schon als Kind nicht schlafen konnte. Besonders wenn Vollmond war, habe ich nachts stundenlang aus dem Fenster geschaut ... auf den Schornstein vom Haus gegenüber. In dessen Rauch stiegen kleine Teufel auf«. Inge malt auch diese Situation. Indem sie mir die Bilder zeigt, sagt sie: »Als ich das erste Bild gemalt hatte, wußte ich, daß noch etwas fehlt. Ich mußte das Kind, das aus dem Fenster schaut, auch von vorne sehen ....«

Ich schaue auf das Bild, das mich in seiner Tod-Traurigkeit erschreckt und zutiefst bewegt und meine Blicke festhält. Nach einer Weile schaue ich zu Inge und meine, die gleiche Traurigkeit in ihrem Gesicht wie in dem Gesicht des Kindes auf dem Bild zu entdecken.

Die Annahme dieses Kindes durch uns beide war dann wohl für den weiteren Verlauf der Therapie entscheidend. Inge konnte wieder schlafen. Auch brauchte sie nicht mehr den thrill in seiner zerstörerischen Form. Und eines fiel den meisten aus unserem Team besonders auf: Inge konnte ein geradezu lausbübisches Schmunzeln zeigen, wenn sie mit anderen zusammen war. Ihr Gesichtsausdruck spiegelte viel Lebendigkeit wider.

Hierzu paßte dann auch ein weiterer Folgetraum: »Ich bin zu Hause. Ich gehe ins Wohnzimmer und sehe, daß es hier sehr dunkel ist, es ist muffig und stickig. Eine dicke, braune Wolldecke ist quer durch den Raum gespannt und läßt kein Tageslicht eindringen. Mein Bruder mit Familie und andere Familienmitglieder sitzen nebeneinander dicht gedrängt auf engen, altmodischen Sesseln. Sie scheinen sich in der drangvollen Enge und Dunkelheit wohl zu fühlen. Als ich die Decke zur Seite ziehe, stehen alle auf und verlassen mißbilligend den Raum. Ich gehe ins Schlafzimmer, der Raum ist sehr hell, das Tageslicht fällt durchs Fenster. Durch die offene Tür kommt lachend und redend ein großer Teil meiner Kollegen ins Zimmer. Aus ihren vielen Einkaufstüten holen sie unzählige Kleidungsstücke, die sie pausenlos an- und ausziehen. Ich sehe ihnen überrascht und etwas ratlos zu, daraufhin packen sie ihre Sachen wieder ein und verlassen lachend und schwatzend den Raum.«

Inges Kommentar zu dem Traum: »Ich bin mit einem ganz guten Gefühl aufgewacht, als hätte ich einen Teil der Stimmung der Kollegen in mir selbst.« Als sie mir später das Bild gab, das sie zu ihrem Traum angefertigt hatte, lachte Inge wiederum sehr lausbübisch: »Meine Kollegen auf dem Bild sind wirklich sehr fröhlich geraten, das ist schon auffällig ...« Sie war aus ihrem resignativen Rückzug unter den Johannisbeerbusch (oder in die muffige und »klammerige« Atmosphäre ihrer Restfamilie) zurückgekehrt.

Das Bedürfnis, Abenteuer (thrills) zu erleben, kann auch als das Bedürfnis verstanden werden, sich zu spüren, im Griff zu haben und auch als Flucht in das Erleben, um nicht in die Depression einschließlich Suizid abzustürzen.[3] Wie das klinische Beispiel von Inge und Hermann zeigt, wird die thrill-Akrobatik immer selbstzerstörerischer, je mehr die Verzweiflung schon um sich gegriffen hat und auch das Bedürfnis zu klammern immer mehr abgewehrt und auf Restobjekte beschränkt wird.

Resignativer Rückzug in die Passivität erscheint in diesem Zusammenhang zunächst als dritte Möglichkeit zu dem Gegensatzpaar Springen und Klammern. Im wesentlichen meint es jedoch eine eher pathologische, d.h. krankhafte Variante sowohl des Springens wie auch des Klammerns:

– Der Bergsteiger (als Akrobat), der nur noch die Berge liebt und vor den Menschen flieht (Beispiel von Mihaly Csikszentmihalyi),
– meine Patientin Inge, die sich verzweifelt an ihren letzten Objekten, nämlich dem Busch und dem Teddy, festhielt.

Wesentlich erschien mir, daß auch in Inges Therapie die Abwendung des Destruktiven möglich wurde, nachdem sie sich traute, spielerisch-schöpferisch tätig zu werden. Dies gelang ihr jedoch erst, nachdem sie sich auf der Station innerhalb der therapeutischen Gemeinschaft annäherungsweise so geborgen wie seinerzeit unter dem Johannisbeerstrauch zu fühlen begonnen hatte – wo wir sie dann abholen konnten. Vielleicht gehörten wir ja auch mit zu den lachenden und schwatzenden Kollegen in ihrem Traum.

Was verdeutlichen die biographischen Skizzen der beiden Paare Sonja und Michael sowie Inge und Hermann? Meines Erachtens doch eines: der bis über die Pubertät hinaus stattfindende Wechsel vom freundlichen Unterstütztwerden zum eigenständigen Handeln mißlingt ohne die Basiserfahrung, Annahme und Zustimmung bezüglich der eigenen Handlungsentwürfe zu finden. Das ist natürlich dort kaum möglich, wo eine Familie zur Entlastung einzelner Mitglieder ein »schwarzes Schaf« braucht. Ganz entscheidend ist also bei dem Wechsel von der paradiesischen Verschränkung zur eigenen Kompetenz, daß sich ein Basisgefühl – besser noch eine Basisgewißheit – einstellt, trotz Enttäuschungen über das eigene Handeln einen guten Weg für sich selbst finden zu können. Und hierfür ist die annehmende Resonanz der Umwelt von großer Bedeutung.

Alle »normalen«, grundsätzlich jedem Menschen möglichen Reaktionen auf den Paradiesverlust wie die des Springens, Klammerns oder auch des vorübergehenden Rückzuges bekommen einen zunehmend verzweifelten Charakter, wenn die Summe der Erfahrungen zu der inneren – oft unbewußten – Überzeugung führt, es nicht »richtig« zu machen.[4] Die Welt mit ihren Anforderungen wird dann als nicht kontrollierbarer Streß erlebt, an dessen Ende sehr oft passive Resignation oder Krankheit stehen.

Das freudige Interesse, der Schwung und die Lust, auf die

Welt zuzugehen, der Impuls, »die Nase überall hineinstecken zu wollen«, bedürfen also des begleitenden Gefühls, bzw. des Eindrucks, in seinen Handlungsweisen kompetent zu sein, um vor der passiven Resignation bewahrt zu werden.[5]

Die Welt des kindlichen Spielens stellt eine wesentliche Möglichkeit für eben diese Basiserfahrungen dar. Dies galt gerade auch dann, wenn die familiären Umstände nicht besonders günstig und die Kinder auf ihre Spielerfahrungen außerhalb der Familie angewiesen waren.

So ist es sicherlich keine wirklichkeitsferne, bloße literarische Eingebung, daß es sozial benachteiligte Kinder sind, die ohne festen Familienverband aufwachsen, aber dennoch über ihr Spielen ein gesundes Selbstbewußtsein entfalten: Huckleberry Finn, Momo und Pippi Langstrumpf ...

Heute aber wandelt sich die Welt des Spielens im Sinne von play und fair play immer mehr zu einem großen »match«. Annahme und Zustimmung zu den eigenen Handlungsentwürfen als Basiserfahrungen werden immer weniger möglich – es sei denn, ich unterwerfe mich einer gnadenlosen, fremdbestimmenden Dressur. Demzufolge werden die Folgeerscheinungen, die mit dem Springen, Klammern und resignativen Rückzug zusammenhängen, immer verzweifelter.

Akrobatik wird zunehmend gefährlicher und endet oft tödlich. Das Klammern wird immer strangulierender und der Rückzug immer autistischer. In den folgenden Kapiteln sollen zu dieser Thematik einige gegenwartstypische Erscheinungen in unserer Kultur beleuchtet werden, sowie Möglichkeiten erkundet, wie sich neue Freiräume für die positive Basiserfahrung zur eigenen Kompetenz einrichten lassen.

1 Neue Osnabrücker Zeitung, 24.12.1996

2 Das gleiche Ergebnis, nämlich die Tendenz, sich an ein helfendes Objekt zu klammern, mag sich einstellen, wenn die Bezugspersonen selber das Kind ängstlich festhalten, ihm nichts zutrauen und die freundliche Hilfe altersunangemessen fortsetzen. Allerdings wäre hier auch ein wütender – akrobatischer – Protest zum Beispiel in der Pubertät denkbar. Sonjas Tochter mag solche Tendenzen gezeigt haben.

3 So Michael Balint in: Angstlust und Regression.

4 Davon zu unterscheiden sind Selbstzweifel im Sinne von Selbstkritik. Diese stellen einen notwendigen, »gesunden« Gegenpol zu der Sicherheit dar, richtig zu handeln.

5 Siehe auch Kapitel 18.

4.

Anweisungen und Rebellion

»›Du heißt Momo, nicht wahr?‹ Momo nickte. Der Graue Herr paffte einige Nullen in die Luft. Momo steckte die nackten Füße unter ihren Rock und verkroch sich, soweit es möglich war, in ihrer großen Jacke.
›Da erhebt sich als erstes die Frage‹, begann der Graue Herr nun wieder, ›was haben deine Freunde eigentlich davon, daß es dich gibt? Nützt es ihnen zu irgend etwas? Nein. Hilft es ihnen voranzukommen, mehr zu verdienen, etwas aus ihrem Leben zu machen? Gewiß nicht.Unterstützt du sie in ihrem Bestreben, Zeit zu sparen? Im Gegenteil. Du hältst sie von allem ab, du bist ein Klotz an ihrem Bein, du ruinierst ihr Vorwärtskommen! …‹
Momos Freunde entgingen den Grauen Herren nicht. Sie wurden voneinander getrennt, je nach der Gegend, aus der sie kamen, und wurden in verschiedene Kinder-Depots gesteckt. Davon, daß sie sich hier selbst Spiele einfallen lassen durften, war natürlich keine Rede mehr. Die Spiele wurden ihnen von Aufsichtspersonen vorgeschrieben, und es waren nur solche, bei denen sie irgend etwas Nützliches lernten. Etwas anderes verlernten sie freilich dabei, und das war: sich zu freuen, sich zu begeistern und zu träumen. Nach und nach bekamen die Kinder Gesichter wie kleine Zeit-Sparer. Verdrossen, gelangweilt und feindselig taten sie, was man von ihnen verlangte. Und wenn sie doch einmal sich selbst überlassen blieben, dann fiel ihnen nichts mehr ein, was sie hätten tun können. Das einzige, was sie nach all dem noch konnten, war Lärm machen
– aber es war kein fröhlicher Lärm …«

Michael Ende

Die Kinder arbeiten mit Pinsel und Farbe konzentriert an einem Bild – einem Pfau. Den meisten bereitet es große Freude. Selbstvergessen und auf ihr Tun konzentriert mischen sie die Farben und bringen sie mit ihrem Borstenpinsel aufs Blatt.

Mit den Farben zu gestalten macht ihnen Spaß und hat von der Erlebensdichte her für sie die Eigenschaften eines »Kleinstabenteuers«.[1] Die Kinder sind dabei von innen her motiviert und nicht durch einen äußeren Druck – z.B. in Form von Noten. Und eines ist besonders wichtig, nämlich, daß der Prozeß im Vordergrund steht und nicht nur das Ergebnis, das Produkt. Es gibt keine abwürgenden Vorgaben, wie der Pfau auszusehen hat. Die Kinder dürfen das umsetzen, was ihnen nach Betrachten einer Originalpfauenfeder und eines Fotos vom Pfau in den Sinn, bzw. in die Hand kommt.

Handeln und Bewußtsein der Schüler sind dabei miteinander verwoben, fallen streckenweise in eins zusammen. Zumindest so lange, wie die Schüler keine schöpferischen Pausen machen und das bisherige Ergebnis ihres Eifers kritisch betrachten.

Eingewoben in den Schaffensprozeß sind die Erregung dieses Kleinstabenteuers und die Freude am Tun, das Empfinden, in einer Sache »aufzugehen« (flow). Es stellt sich ein, weil die Kinder den Eindruck haben, daß die eigenen Fähigkeiten mit den äußeren Anforderungen übereinstimmen. Was in diesem Fall auch nicht schwerfällt, denn in dieser Kunststunde gilt weitgehend, » was die Hand zu diesem Thema in dieser Situation entwirft«.[2] Übersteigen hingegen die Anforderungen die Handlungsmöglichkeiten, stellen sich Sorge, Verdrossenheit oder auch Angst ein. Bei andauernder Unterforderung macht sich eher Langeweile breit.

Würde die Lehrerin nun ständig herumkritteln und sagen: »So sieht aber kein Pfau aus!«, würde die Grundvoraussetzung für die Freude am Tun – nämlich daß aktuelles Handlungsvermögen und Handlungsanforderung übereinstimmen – nicht erlebt. Die innere Motivation ginge verloren und müßte durch eine äußere ersetzt werden – in diesem Fall z.B. durch die Androhung von Schulnoten.

Das Glücks-Erlebnis bei einem bestimmten Tun (flow) motiviert dazu, »von innen her« eben diese Tätigkeit immer weiter zu verfolgen. Dadurch werden naturgemäß die Fertigkeiten immer geübter und die Möglichkeiten, es mit noch immer höheren äußeren Anforderungen aufzunehmen, steigen. Im Zusammenhang mit den damit verbundenen Anstrengungen kommt es auch zu einer Intensivierung des thrill-Erlebnisses, auf das annäherungsweise ein tiefes flow-Erlebnis im Unterschied zum anfänglichen micro flow-Erlebnis folgt. Solch ein Prozeß kann auch in der Theater-AG an einer Schule in Gang kommen, wenn die beteiligten Schüler »über sich selbst hinauswachsen«.

Aber gerade hierbei wird auch deutlich, daß für die innere Motivation der micro flow in der Einübungsphase meist bedeutsamer ist als der deep flow beim Premiere-thrill. Bei dem Produkt, d.h. der Premiere, hört der Spaß auf. In der Freiheit des ernsthaft und spielerisch zugleich gehaltenen Einübungsprozesses hingegen fängt er gerade erst an: Beim Zusammenkommen und Planen – mit all den Eifersüchteleien, aber auch dem fair play im Gerangel um die Rollenbesetzungen, bei den vielen Proben und der allmählichen Identifizierung mit der vorgegebenen Rolle, wo Fehler noch gemacht werden dürfen und gleichzeitig auch Lachen möglich ist, Ausdrucksgebungen spielerisch heiter erprobt und variiert werden können ...

Wenn aber der micro flow und vorausgehend der micro thrill als Kleinstabenteuer nicht (mehr) möglich sind, weil ein Grauer Herr sagt, nur das Ergebnis, das Produkt, die Premiere zählt , wird unser Alltag düster. Denn die innere Motivation geht dabei zumeist verloren. Und die alleinige Jagd nach dem »maxi thrill« mit deep flow wird plötzlich problematisch, wenn auf die Erregung nicht die Freude, sondern die – auch mögliche – Enttäuschung folgt. Und was Enttäuschung ist, bestimmen die äußeren oder bereits verinnerlichten Grauen Herren – sprich: äußere Leistungsnormen.

Prozeßaktivitäten – auch die anstrengenden – bedürfen beim Erwachsenen grundsätzlich keiner aufwendigen äußeren Belohnungen wie Geld, Geschenke, Titel oder Presserummel.[3] Als grundlegendes Vorbild für innerlich motivierte Aktivitäten ist das kindliche Spielen anzusehen. Entscheidend ist bei diesem – wie schon erwähnt –, daß das Tun selbst, d.h. der Prozeß und nicht bloß ein Ziel, Ergebnis oder Produkt im Vordergrund stehen. Das spontan spielende Kind »verliert sich« im Augenblick seines Tuns. Ein Produkt oder Ziel seines Tuns stehen allenfalls vage im Hintergrund.

Was sich später jedoch ändert. Auf die Aktivitäten unserer schon genannten Theater-AG hat die gedankliche Vorwegnahme der Premiere schon einen Einfluß. Das Kribbeln und Grummeln im Bauch wird um so intensiver, je näher der Premiere-Termin rückt.

Etwas in einer selbstgestellten Frist zu Ende bringen, über ein fertig gestaltetes Ergebnis oder Produkt sich selber begegnen und auf sich selbst verweisen, meint auch eine Motivation von innen her. Zugleich wird durch diese innere Motivation, die vom fertigen Produkt, dem Ergebnis ausgeht, auch das intrinsische Moment im Prozeßgeschehen selbst verstärkt. Als Beispiel hierfür mag man an ein Ensemble denken, daß sich trifft, um für sich im traditionellen Sinne Hausmusik zu machen oder Theater nur für sich selbst zu spielen.

Eine andere Komponente kommt allerdings hinzu, wenn das Ergebnis oder Produkt der Öffentlichkeit vorgestellt werden soll. Hier wird die Motivation – auch wenn die Öffentlichkeit als zusätzlicher Schwierigkeitsgrad selbst gewählt ist – neben ihrem inneren Anteil auch noch um ein äußeres Moment erhöht.

Selbstverständlich ist die Öffentlichkeit von der Aufführung unserer Theater-AG kaum wegzudenken. Ohne diesen maxi-thrill würden sich heute nur schwerlich Jugendliche bereitfinden, entsprechend der Hausmusik »Haustheater« für sich selbst zu machen. Um so mehr gilt es jedoch, die eben dargestellten Möglichkeiten zu beachten, die der Prozeß selbst schon in sich birgt und nicht bloß das Ergebnis, auf das hin man die Truppe »einzupeitschen« hat.

Das Konzept, das auf die innerliche Motiviertheit abstellt, ist z.B. für eine Veränderung der gängigen Unterrichtspraxis in den allgemeinbildenden Schulen von grundsätzlicher Bedeutung. Insbesondere an den weiterführenden Schulen ist der Unterricht viel zu oft auf äußere Motivation, sprich Benotung, ausgerichtet. Glücks-Erlebnisse im Unterricht oder Identifikation mit einer Lehrperson gehören in der Regel dort nicht zu dem gängigen pädagogischen Instrumentarium.[4]

Allerdings haben die Schülerinnen und Schüler zum Zeitpunkt der Einschulung schon ihre Vorgeschichte, sind keine unbeschriebenen Blätter mehr. Und dies führt häufig zu Situationen, für die das eben vorgestellte flow-Modell zur Erklärung nicht ganz ausreicht. Es muß dann, wie die folgenden Beispiele gleich deutlich machen sollen, weiter ergänzt werden:

In dem bereits erwähnten Kunstunterricht schaut Boris sein fast fertiges Bild an, das er zuvor selbstvergessen und freudig gemalt hat. »Schön machst du das«, sagt ihm die Lehrerin spontan, die sich innerlich dabei auf die Konzentration, die Ausdauer und Motivation des Schülers am heutigen Tage wie auch die Qualität des Bildes bezieht. Was bei Boris eher selten anzutreffen ist.

»Nein, blöd ist das Bild, ich finde das saublöd, was ich da male!« faucht der Schüler zurück. Die Lehrerin spürt Ärger in sich aufsteigen. Sie hat das Gefühl, selber entwertet zu sein. Auf diese Wahrnehmung reagiert sie mit einer »paradoxen« Ansprache: »Jetzt stell dir mal vor, *ich* hätte gesagt, das Bild, was du da gerade malst, wäre blöd! Was wäre dann wohl gewesen?« Boris stutzt. Offensichtlich läuft in diesem Augenblick ganz viel in ihm ab.

Vermutlich hat die Antwort der Lehrerin seine eigene Rebellion gegen die Stimme in ihm selbst mobilisiert, die ihm sonst unwidersprochen zuflüstern konnte, daß das, was er gerade mache, nichts tauge. Diese Stimme ist gewissermaßen von außen in ihn hineingeraten. Gehört zu ihm und gehört doch nicht zu ihm. Verhindert jedenfalls ein ungestörtes flow-Erlebnis als Übereinstimmung der eigenen Kompetenz mit äußeren Anforderungen.

Eine solche Stimme erinnert daran, bestimmten Anweisungen und Anforderungen nicht genügt zu haben. Die dabei erlebten Entwertungen und Kränkungen sind stets wieder aktualisierbar. Sie spiegelten sich auch in den Empfindungen der Lehrerin wider, als Boris sie anfauchte.

Boris erscheint als der Spielverderber. Aber die wahren Spielverderber sind die Grauen Herren mit ihren Stimmen in ihm selbst. Und gerade die Spielverderber bedürfen der besonderen Begleitung und Ansprache.[5]

In den darauffolgenden Stunden hat Boris weiterhin gut mitgearbeitet, offensichtlich auch innerlich motiviert, dabei zufrieden und ohne abwertende Bemerkungen sich selbst gegenüber.

Als meine Frau mir von dieser Episode berichtet, fiel mir sofort meine Patientin Agnes ein. Mit unterschwelligem Triumph hatte diese mir erzählt, wie sie in ihrer »unmöglichen Art« die Musiktherapeutin in einer anderen Klinik zur Verzweiflung gebracht hatte. »Die ist dann nur noch mit mir spazierengegangen, um die Zeit rumzukriegen.«

Agnes scheint vom ersten Eindruck her wie versteinert. Sie hat seit langer Zeit eine schwere chronische Krankheit. Über die Krankheit weiß sie fast alles. Sie mißt und beobachtet ihren Körper, kontrolliert und traktiert ihn mit Medikamenten exakt entlang den ärztlichen Anweisungen. Trotzdem gerät ihre Stoffwechsellage immer wieder durcheinander. Besonders dann, wenn sie in verzweifelten Ausbrüchen dem Alkohol reichlich zuspricht.

Obgleich sie zu ihrer eigenen Leiblichkeit ein Verhältnis hat wie ein Experimentalphysiker zu einer nicht funktionierenden Versuchsanordnung, äußert sie sich dahingehend, daß wohl die Seele bei ihr mit im Spiele sei. Aber die Seele erscheint in dem Zusammenhang ihrer Rede wie eine defekte Kabelverbindung.

Agnes suchte verzweifelt Hilfe, ging dabei jedoch gleichzeitig immer wieder auf Distanz.

Was mir in der Therapie zu schaffen machte, war die ungeheure Selbstverachtung, die einen tragenden Kontakt über lange Zeit erschwerte, uns auf Distanz hielt und auch aggressive Impulse in mir aktivierte. Was mich hingegen ermutigte, waren sehr engagierte und auch sehr lebendige Kontakte, die Agnes – selbst kinderlos – zu sozial benachteiligten Kindern unterhielt.

Vor diesem Hintergrund tasteten wir uns an ihre eigene »Spiel-Vorgeschichte« heran. Und die war erschütternd:

So ist Agnes z.B. mit ungefähr fünf Jahren bei einem herrlichen Spielen mit Matsch und Laub – »wir kochten Mittagessen« – beauftragt worden, auf eine ältere Dame im Haus aufzupassen. Diese war offensichtlich verwirrt; lief während des Spielens der Kinder weg und verunglückte tödlich. Mit zehn Jahren mußte Agnes ihre Geburtstagsfeier – die erste, zu der sie Gäste hatte einladen dürfen – ausfallen lassen, da ein Nachbarsjunge erkrankt war. Mit zwölf Jahren benannte sie an erster Stelle in einem Schulaufsatz zu ihren drei wichtigsten Wünschen »eine selige Sterbestunde«.

Nach einer langen therapeutischen Durststrecke traute sich Agnes, sich selber aus Ton als Zehnjährige mit Ball darzustellen. Die Tod-Traurigkeit, die aus diesem Gesicht schaute, erinnerte mich an Inge und den Ausdruck, den sie dem Kind auf ihrem Bild gegeben hatte.

In der Tat bestanden zwischen Inge und Agnes durchaus einige Gemeinsamkeiten. Jedoch war Agnes in stärkerem Maße als Inge in einem Kerker der Selbstverbannung gefesselt. Das verinnerlichte Urteil, immer etwas falsch zu machen, war bei ihr noch gnadenloser ausgefallen. Die Desillusionierung bei dem Wechsel vom Paradies der harmonischen Verschränkung in die Eigenständigkeit mußte bei ihr häufiger einem Absturz geglichen haben. Flow-Erlebnisse im Spielen waren von katastrophalen Versagens- und Mißerfolgserlebnissen überlagert. Hinzu kam, daß es für Agnes kein Lob gab. »Wenn ich mit einem guten Zeugnis nach Hause kam, auf dem nur Einser und Zweier waren außer einer einzigen Drei, dann zeigte der elterliche Finger sofort auf die Drei, die anderen Noten wurden nicht erwähnt.«

Diese Beziehungserlebnisse führten zu einem inneren Wächter, eher noch Sklavenhalter. Dieser flüsterte ihr ständig ein, daß das was sie täte, doch nichts tauge, sie die geborene Versagerin sei. Sie solle nur aufpassen, daß sie nicht zu übermütig werde.

Ständig aufpassen, alles gut kontrollieren, vor allen Dingen nie so etwas geschehen lassen, wie »sich selber im Spiel zu verlieren«, d.h. die Kontrolle über sich selbst aufzugeben, waren die Anweisungen des Wächters. Dieser Wächter wurde mit der Zeit innerlich so angenommen, daß ihn Agnes für einen Teil ihres Selbst hielt, ohne sich daran zu erinnern, daß er eigentlich von außen in sie eingedrungen war. Agnes erging es so wie Momos Freunden, die den Grauen Herren nicht entkommen konnten.

Und die mögliche Gegenwart solcher *verinnerlichten* Grauen Herren oder Wächter fehlt im flow-Konzept von Mihaly Csikszentmihaly. Das flow-Modell funktioniert solange, wie ein solcher Wächter sich nicht eingenistet hat. Im übrigen ist dies Modell auch geeignet, das Eindringen des Wächters verhindern zu helfen. Nur – wenn er bereits eingedrungen ist, wird vieles umgedreht, ohne daß wir es recht merken: Die Stimme des Wächters flüsterte Boris ein: »Das, was du gerade machst, ist saublöd...!« »Die Kinder verlangen nach Noten auch im Kunstunterricht, sie wollen wissen, wo sie stehen ...« sagen dann z.B. die Lehrer.

Nachdem Agnes sich aus Ton als Zehnjährige dargestellt hatte, geschah jedoch etwas Aufregendes. Sie erschien zur nächsten Sitzung mit einem alten Klassenfoto. Und auf dem hatte sie genau den gleichen traurigen Gesichtsausdruck, den die Tonfigur wiedergab. »Ich habe gesucht, aber kein Foto gefunden, auf dem ich lachte. Da haben mich nur traurige Gesichter angesehen. Das ist mir früher gar nicht so aufgefallen.«[6] Dann blätterte sie in einem Heft, und über ihr

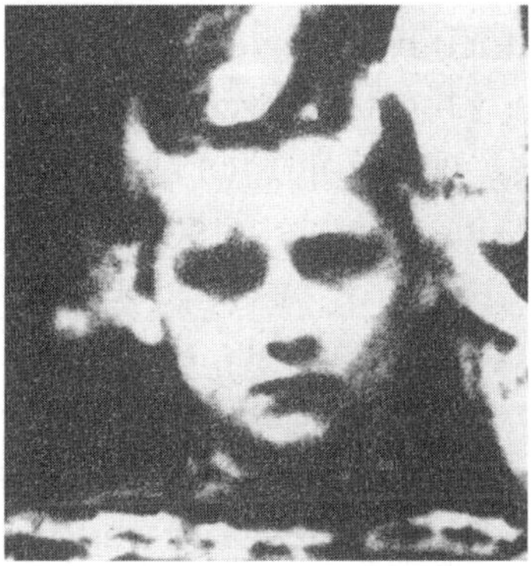

Gesicht ging ein Strahlen, das ich bei ihr noch nie gesehen hatte. »Sehen Sie,« – und sie verwies auf ein anderes Foto – »hier haben wir gespielt. Und mir ist auf einmal durch den Kopf gegangen, was ich alles gerne gemocht habe,was ich gespürt und gefühlt hatte.« Und Agnes ließ strahlend entlang ihrer Stichworte, die sie mitgebracht hatte, ganz viel lebendig werden: den Kuhstall- und Melkgeruch, frisch gebackenes Brot, im Juli morgens in der Erde jäten, Tannenzapfen suchen, Bratäpfel, Kartoffelfeuer, Holzhacken, barfuß draußen nach dem Gewitterregen laufen, spielen im Sand, Sandberge, Duft der Pfifferlinge im Herbst, getrocknetes Holz im Backofen, Abendhimmel im Dezember, der erste Schnee und vieles mehr …

Agnes war aus ihrer Todesstarre erwacht.[7] Und dazu paßte auch der Traum, den sie zur selben Stunde mitgebracht hatte: »Mit einer Decke über dem Kopf tragen mich zwei aus meinem Kinderzimmer. So wie es damals war, als ich Diphterie hatte. Die zwei Männern stolpern, als sie auf dem grauen Sandweg Richtung Friedhof marschieren. Mein linker Arm hängt herunter, und ich kann einen behaarten Männerarm und ein grünes T-Shirt erkennen. Ich kneife in diesen Arm und sage: ›Halt, stop, ich lebe noch! Ich habe noch nicht gelebt!!‹«

Über die Darstellung ihrer eigenen Tod-Traurigkeit – Darstellung hier als spielerisch-schöpferisches Handeln – konnte Agnes erstmals die Selbstverachtung durchbrechen. Es war die entscheidende Wendung in der Therapie. Agnes hatte tatsächlich ihre Tod-Traurigkeit überwunden und ihre Lebendigkeit zurückgewonnen. Voraussetzung war jedoch die lebendige Spielerfahrung, die Agnes – trotz allem – als Kind machen konnte. Ohne diese Erfahrung wäre die entscheidende Wendung in dieser Therapie vermutlich nicht möglich gewesen.

Ein entscheidendes Moment im Spielen bzw. eigenbestimmten Gestalten ist vor allem darin zu sehen, daß die verinnerlichten Grauen Herren darüber »nach draußen gebracht werden können«. So habe ich dann ein »Gegenüber«, auf das ich Einfluß nehmen oder von dem ich mich auch befreien kann.

Ich stelle die Grauen Herren und deren Befehle mir gewissermaßen gegenüber auf und kann sie mir dann kritisch ansehen, ob und wie ich mich für sie entscheiden möchte oder nicht. Indem ich meinen Garten gestalte, entdecke ich vielleicht, daß der Rasen nicht gleich im April kurz geschoren werden muß (es sei denn zum Bolzen), sondern daß eine Blumenwiese mit Gänseblümchen, Ehrenpreis und Scharbockskraut, Osterglocken und Löwenzahn mir auch Freude bereiten kann.[8]

Allerdings macht unser Beispiel auch deutlich, daß das Ganze nur funktioniert, wenn wir selbst noch nicht zu fest im Griff der Grauen Herren sind. Oder uns geholfen wird, – z.B. durch unsere Kinder, die sich ihre Freiheit gegenüber den Grauen Herren noch bewahrt haben, sich also noch dagegen aussprechen können, daß ein Rasen eben im April kurz geschoren werden *muß*. Die Grauen Herren in uns machen Randale, wenn sie sich durch schöpferische Freiheit bedroht sehen. Erinnert sei an Boris, der im Kunstunterricht plötzlich aufgebracht und wütend sein Bild als »saublöd« bezeichnete. Kurz: Schöpferisches Handeln, das durchgängig in mein Leben eingewoben ist, befördert die eingedrungenen Grauen Herren immer wieder nach draußen, bewahrt vor Verkniffenheit.

Wir wollen uns nun mit den Eigentümlichkeiten früher Spielerfahrungen im nächsten Kapitel noch etwas näher befassen. Hierbei interessiert uns auch weiter die Frage, welche Bedeutung diese Erfahrungen für das Resignieren, bzw. Nicht-(mehr-) Resignieren haben.

1 André Malraux schreibt in seinen Anti-Memoiren, daß der Künstler beim Schaffen eines Kunstwerks eine Heldentat vollbringe: Er trotze dem Tode. (Zitiert nach Niederland, W. (1978): Bedingungen künstlerischer Produktion, Psyche 32. Jg., S. 341)

2 Die Akzeptanz der Wahrnehmung und gestalterischen Umsetzung einschließlich der dazugehörigen Sensomotorik und Gefühle sowie die gemeinsame, Entwertung vermeidende, Schlußbesprechung der Bilder, die alle an der Tafel angebracht werden, fördern auch den Prozeß der Symbolbildung. Gemeint ist damit, daß sowohl über die Sprache als auch mit den Bildern die Kinder über innere Symbole verfügen, vermöge deren sie sich im Unterschied zum »operativen Denken« lebendig ausdrücken und darstellen können.

3 Zu Recht weist Csikszentmihalyi darauf hin, daß Konsum- und Produktabhängigkeit durch innerlich motivierte Aktivitäten vermindert werden können. Mit den Vorräten der Erde könnte demzufolge bei einer ausreichenden Zahl intrinsisch motivierter Menschen sparsamer umgegangen werden. Eine Gesellschaft, die so motivierte Persönlichkeiten hervorbringe, »wird glücklicher und effizienter sein, als eine, die lediglich auf äußere Motivation setzt«. (Aus: Csikszentmihalyi, M.: Flow. Das Geheimnis des Glücks) Um eine intrinsische Motivation in Gang zu bringen, ist besonders für Kinder bei anstrengenden Tätigkeiten wie z.B. einer Wanderung Ermutigung – durch Lob – erforderlich. Jedoch gelte es, auf Dauer materielle Belohnungen auszuschleichen, d.h. weniger werden zu lassen, auf alle Fälle jedoch nicht zu steigern, da diese die intrinsische Motivierbarkeit abwürgten. Schwankend in seiner Meinung scheint Csikszentmihalyi gegenüber Wettkämpfen zu sein. Bei diesen ist neben dem intrinsischen Moment auch ein starkes extrinsisches zu finden, nämlich die Rangfolge.

4 Paul Gärtner merkt hierzu an: Möglicherweise liegt dies daran, daß an Grundschulen in der Regel stärker mit dem Klassenlehrerprinzip unterrichtet wird und von daher sowohl die Chance als auch die Notwendigkeit, Lernen in gepflegte persönliche Beziehungen zwischen SchülerInnen und ihren KlassenlehrerInnen einzubetten, ziemlich groß sind. Dagegen herrscht an den weiterführenden Schulen, besonders deutlich an den Realschulen und Gymnasien das Fachlehrerprinzip. Konsequent angewendet, kann es zur Folge haben, daß im Laufe eines Schulvormittages im 45-Minuten-Takt wechselnde Lehrpersonen die Schülergruppen zum Lernen anleiten sollten. In dieser Situation ist die Gefahr groß, daß (zu) wenig Augenmerk auf die Menschen und ihre Beziehungen zueinander gelegt wird und statt dessen die Unterrichtsgegenstände, die Sachen also, stark im Vordergrund stehen. Im äußersten Fall verhindert diese Situation tragfähige Beziehungen zwischen den Lehrenden und Lernenden. Tragfähige Beziehungen, auf die jeder der Beteiligten sich verlassen kann, sind aber Voraussetzung für flow-Aktivitäten (des Lernens), die aus intrinsischer Motivation gespeist werden. Folglich ergibt sich aus nicht vorhandenen, nicht gepflegten oder gestörten Beziehungen die Notwendigkeit, Lernen immer stärker extrinsisch zu motivieren. Im Extremfall tritt eine pervertierte Nutzung der neuro-physiologischen und psychischen Lerndisposition ein: Schüler lernen und arbeiten nur noch deshalb, weil sie andernfalls Gefahr laufen, schlechte Noten zu bekommen. Dabei wird die Lust, die Welt zu begreifen, völlig verschüttet. Non scholae sed vitae discimus! Die antike Formulierung erreicht immer noch höchste Aktualität: In der gegenwärtigen Form ist der heimliche Lehrplan der weiterführenden Schulen die (erwünschte oder stillschweigend geduldetet) Vorbereitung auf den entpersönlichten Alltag in der Arbeitswelt der meisten Erwachsenen.

5 Damit aber nicht aus Schülern, die frühzeitig in ihrem schöpferischen Handeln wie die Freunde von Momo den Grauen Herren ausgesetzt sind, Lehrer werden, die die Grauen Herren in sich weiter transportieren, ist eines vonnöten: nämlich Notenfreiheit in den schöpferischen Fächern so lange als möglich und Lob für das Engagement im Prozeß.

6 Ich bin Agnes zu Dank verpflichtet, daß Sie mir ihre Einwilligung gab, ihr Photo zu veröffentlichen.

7 Und das Merkwürdige auch bei Agnes war, daß für sie in ihrem »Schon-fast-totsein« das Motiv zu kontrollieren, alles – insbesondere auch sich selber – im Griff zu haben, genauso wichtig war, wie für den Akrobaten am Trapez im Organisieren seines thrill-Erlebnisses und deep flows. Zynisch hätte man für sie mit den Worten von Csikszentmihalyi formulieren können, daß sie mit dem »Gefühl von Kontrolle über sich selbst« das Gefühl hatte, »teilzuhaben an der Festlegung dessen, was den Sinn des Lebens ausmacht«. Agnes zeigte etwas von dem in ihrem Selbstverständnis, was Erich Fromm als Nekrophilie bezeichnet. Gemeint ist eine Kontrolle alles Lebendigen, um es sich verfügbar zu machen. Aber eine solche Kontrolle tötet das Lebendige.

8 Dies entspricht dem »Paar« Introjektion-Projektion. Indem Introjekte im schöpferischen Handeln wieder nach draußen gebracht werden, können sie »reifen« und sich in ihren bejahten positiven Aspekten zu Identifizierungen wandeln. In unserem Beispiel wäre dies die Wandlung von dem inneren Zwang, den Garten »striegeln zu müssen« zu einem ordnenden Handeln gegen überwucherndes Chaos (obgleich letzteres auch mal schön sein kann). Stavros Mentzos beschreibt die (therapeutische) Beschäftigung mit den eigenen Träumen als faszinierendes Beispiel der Hin- und Herbewegung von Introjekten und Projekten: Das, was von innen kommt, wird nach außen gebracht und dort betrachtet. Über Traumgestaltung und Reflexion des Traumes könne der Träumer seelisch reifen »wie der Bildhauer an seinem Werk«. (Mentzos, S. (1987): Neurotische Konfliktverarbeitung. Frankfurt/Main) Jedoch in diesem Zusammenhang auch noch eine kritische Schlußbemerkung zu »innen und außen«. Die Vorstellung seelischer Innenwelt und (realer) Außenwelt ist uns zwar geläufig, läßt aber unberücksichtigt, daß die Außenwelt sich ebenso wie die Innenwelt nur »im Seelenleben« zeigt. Wir erleben uns körperlich-räumlich in Räumen, das Erleben selbst mit seinen Gedanken und Gefühlen ist aber nicht räumlich, sondern zeitlich dimensioniert. (Siehe hierzu auch Lickint, K. G. (1996): Die Analyse der Psychoanalyse. Struktur, Herkunft und Zukunft des Psychoanalysierens, Würzburg)

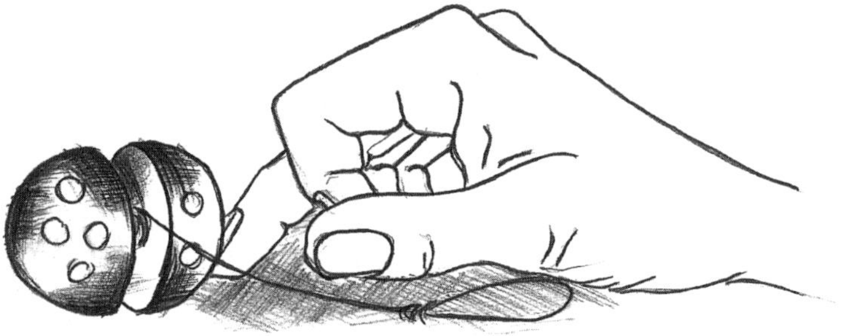

5.

Spielvergiftungen

»Dieser Mann war so beschäftigt, daß er bei der Ankunft des kleinen Prinzen nicht einmal den Kopf hob.
›Guten Tag‹, sagte dieser zu ihm. ›Ihre Zigarette ist ausgegangen.‹
›Drei und zwei ist fünf. Fünf und sieben ist zwölf. Zwölf und drei ist fünfzehn. Guten Tag. Fünfzehn und sieben ist zweiundzwanzig. Zweiundzwanzig und sechs ist achtundzwanzig. Keine Zeit, sie wieder anzuzünden. Sechsundzwanzig und fünf ist einunddreißig. Uff! Das macht also fünfhunderteine Million sechshundertzweiundzwanzigtausendsiebenhunderteinunddreißig.‹
›Fünfhundert Millionen wovon?‹
›Wie? Du bist immer noch da? Fünfhunderteine Million von ... ich weiß nicht mehr ... ich habe so viel Arbeit!
Ich bin ein ernsthafter Mann, ich gebe mich nicht mit Kindereien ab. Zwei und fünf ist sieben ... «

Antoine de Saint-Exupery

Wiebke sah mich entgeistert an. Ob sie als Kind in den Pfützen auf der Straße gespielt hätte, war meine Frage gewesen. Nach einigem Zögern kam ihre Anwort. Nein – sie wisse auch gar nicht, ob es in ihrer Straße überhaupt Pfützen gegeben habe. Aber selbst wenn dem so gewesen wäre, hätte sie bestimmt nicht darin gespielt.

Wiebke war an einer Magersucht erkrankt. Für sie war wichtig, alles unter Kontrolle zu haben, sich nicht gehenzulassen. »Mich werden Sie nicht zum Weinen kriegen«, verkündete sie gleich in unserem ersten Gespräch ziemlich energisch.

Was denn ihre Phantasien und Tagträume seien und worauf sie sich denn freuen könne, war eine weitere Frage von mir. Auch hier zögerte Wiebke mit der Antwort, bis sie dann schließlich sagte: »In meinem Beruf erfolgreich sein«.

Bereits als Kind hatte Wiebke Leistungsanforderungen und Konkurrenz kennengelernt: Unterricht im Spielen mehrerer Musikinstrumente, Ballett, Wettbewerbe.

Ihre Spiel*technik* ist dabei immer perfekter geworden. Gespielt hat sie aber kaum.

Sie macht Karriere, vereinsamt dabei jedoch immer mehr. Das wird ihr allerdings erst später klar. Als Wiebke eines Tages an entscheidender Stelle der Erfolg versagt bleibt, bricht ihre Welt zusammen. Sie wirft ihre Instrumente in die Ecke, steigt aus ihrer Musikerin-Laufbahn aus – und erkrankt an der Anorexie.

Vor allem, weil Wiebke alles unter Kontrolle haben muß und kaum etwas spontan sagen kann, gerät ihre Therapie immer wieder ins Stocken. Unser Gespräch hat eher den Charakter eines Frage- und Antwortspieles, wobei Wiebke ihre Antworten stets sehr sorgfältig einer inneren Zensur unterwirft. Das ändert sich erst, als wir anfangen, gemeinsam zu spielen: Wiebke schwärzt einen großen grobfaserigen Papierbogen mit weicher Holzkohle, wobei sie sich ihre Hände schön schmuddelig macht. Dann geht es darum, daß wir – anfangs gemeinsam, später Wiebke allein – mit einem Radierstift die uns jeweils erkennbaren Strukturen auf dem Papier nachzeichnen. Dabei kommen lustige Sachen heraus, über die wir gemeinsam lachen können.[1]

Zwei Produktionen werden dann für Wiebke, bzw. den weiteren Verlauf der Therapie sehr wichtig. Nämlich, »der abgestorbene Teil des Baumes im Feuersturm« (s. Abbildung) und »der Teddybär in der gallertigen Blase«. Diese Titel hatte Wiebke ihren Produktionen gegeben.

Bald konnte sie sich immer mehr auf ihre Gedanken einlassen, ohne sie ständig vorher kontrollieren und zensieren zu müssen. So führten die Bilder als eine erste Spur zu Wiebkes Zentralproblem: Ihre Angst, nur geliebt zu wer-

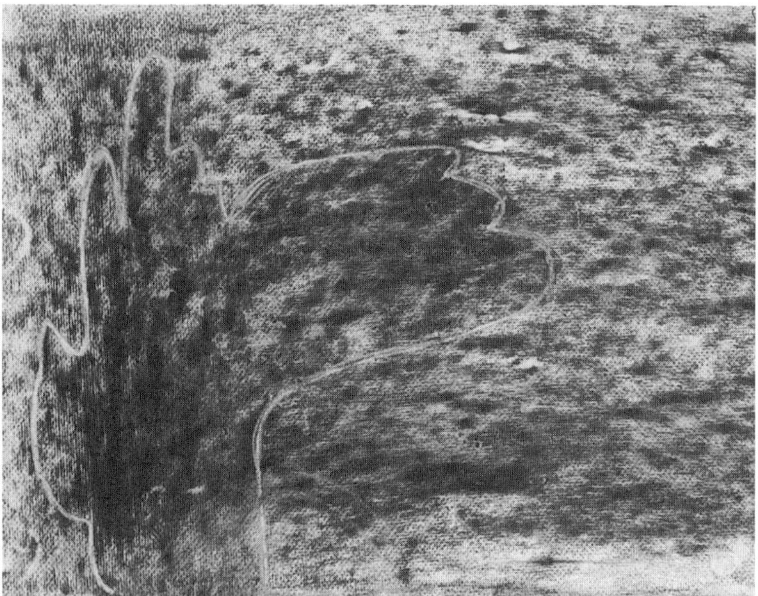

den, wenn sie Leistung zeigt und die eigenen Interessen, Sehnsüchte und Bedürfnisse zurückstellt.

Wiebke geht es heute gut. Sie führt zwar immer noch ein anstrengendes berufliches Leben, aber sie kann wieder spielen – aber nicht mit ihren Musikinstrumenten. Denen haftet immer noch der Geruch der Grauen Herren an.

In einer breit angelegten Untersuchung zum Therapieverlauf von weiblichen und männlichen Magersuchtpatienten[2] heißt es: »Testpsychologisch konnten … folgende Beziehungen festgestellt werden: Je kränker die Patienten … einzustufen sind, … um so leistungsorientierter sind sie und um so mehr haben sie eine Abneigung gegen Spielereien. (…) Jetzt gesundete Anorexie-Patienten zeigen eine intensive Vorliebe für Spiel und Technik im Vergleich zu den noch stärker Kranken.«

Das Merkwürdige bei Wiebkes Erkrankung war, daß sie sich einerseits dem inneren Diktator unterwarf, der ihr ständig einflüsterte: »Du bist nur liebenswert, wenn du etwas leistest«, andererseits aber heftig dagegen rebellierte. Die in die Ecke geworfenen Instrumente und die »Abschaffung« aller Bedürfnisse in der Askese sollten eine neue Unabhängigkeit und Freiheit ermöglichen. Allerdings führten ihre Rebellion und ihre Verweigerung in Form des Hungerstreiks zu keiner neuen Freiheit, sondern zu neuen Einschränkungen.

Das gemeinsame Spielen mit Wiebke war erst möglich, als sie sicher war, von mir nicht drangsaliert oder ausgelacht zu werden. So fühlte sich Wiebke nicht veralbert, als ich zu meinem Spielvorschlag Schiller zitierte: »Der Mensch spielt nur, wo er in voller Bedeutung des Wortes Mensch ist, und er ist nur da ganz Mensch, wo er spielt.«

Später machten wir auch Wort-Phantasiespiele: Sich ein einfaches Wort einfallen lassen – wie z.B. »Osterhase«. Die Buchstaben des Wortes werden senkrecht untereinander geschrieben. Zu jedem einzelnen Buchstaben wird dann ein neues Wort gefunden – z.B. Otto, Sauerteig, Theater ... Diese Worte werden schließlich zu einem einzigen Nonsens-Satz verbunden.[3] Darüber kamen wir ins Gespräch.

Es änderten sich darunter auch Wiebkes Träume. Vordem handelte es sich ständig um Träume, in denen sie schreckliche Gewalt erlitt und aus denen sie immer wieder in Panik erwachte. Jetzt wurde Wiebke im Traum aktiver. Sie wandelte sich in ihrer Traumwelt vom bloß erleidenden Opfer einwirkender Gewalt zur handelnden Darstellerin ihres Dramas. Später ging sie im Traum zusammen mit mir im Kaufhaus auf Diebestour. Sie konnte das, was sie brauchte, bzw. was ihr schon längst gehörte, frohen Herzens stehlen.

Unser Spielen stellte die Brücke zwischen der äußeren Wirklichkeit und ihrer inneren Realität dar, einschließlich ihrer schöpferischen Möglichkeiten, denen sie im Traum begegnete. Dabei stand der spielerische Prozeß und nicht das Produkt im Vordergrund. So entdeckte sie ihr poietisches, d.h. schöpferisches Selbst, das nicht durch äußere Leistungsansprüche verformt und fremdbestimmt war.

Aber dazu mußte erst der Diktator, das Introjekt als verinnerlichter Grauer Herr, der Leistung forderte, überlistet werden. Dies gelang möglicherweise, weil wir zuvor im Gespräch angestrengt gearbeitet hatten. Vielleicht hatte es auch etwas damit zu tun, daß Wiebke in mir eine Autorität sah, die als Gegenspielerin zu ihren leistungsfordernden Grauen Herren auftreten durfte.

Vergleichen wir diese Geschichte mit der von Agnes.

Hatte Agnes nicht ein ähnliches Schicksal? Ja und nein. Ein grundlegender Unterschied in den Biographien von Agnes und Wiebke mag in deren Spielerfahrungen bestehen.

Agnes hatte Pfützen sehr wohl noch gekannt, hatte auch sehnsuchtsvolle Phantasien und Tagträume, die sie allerdings teilweise mit viel Kraft abwehren mußte. Wiebke hingegen kannte nur das Instrumentenspiel – als perfekte Technik, nicht als Spiel – mit seinen Nötigungen. Gemeinsamkeit bestand jedoch in der Kränkungserfahrung: »Immer noch nicht genug, hätte noch besser sein können.« Allerdings waren die Kränkungen, denen Wiebke ausgesetzt war, nicht so leicht erkennbar wie bei Agnes. Jedoch hatte Wiebke entschieden seltener als Agnes die Möglichkeit gehabt, im eigenmotivierten Spielen die freudige Erregung und Entspannung als thrill und micro flow zu erleben. Es waren die Fremdvorgaben, die sie ständig daran erinnerten, daß noch nicht der Punkt erreicht sei, an dem sie hätte zufrieden entspannen und ihr gutes Gefühl genießen können. Obgleich die Förderung im Musizieren »gut gemeint« war, wurden die kindlich-schöpferischen Freiräume des Spielens durch den alles überwuchernden Wettbewerb für sie zerstört.

Ein weiterer Unterschied in den Biographien bestand darin, daß Wiebke vier, Agnes aber 40 Jahre nach Auftreten der ersten Symptome gebraucht hatte, um eine Therapie zu wagen. Agnes hatte offensichtlich weniger Druck. Homo ludens fand in ihrem Leben seine ökologischen Nischen, z.B. im Spielen mit den Aussiedler- und Asylbewerber-Kindern. Sonst stand aber vor ihren Spielerfahrungen, die sie noch hatte machen können, ein grimmiger Wächter in Form des Introjektes, der ihr ständig befahl: »Laß dich bloß nicht gehen, paß auf, dich im Spielen nicht zu verlieren ...!«

Wiebke spielte hingegen in zerstörerischer Form mit ihrem Körper. Es waren destruktive Techniken, mit denen sie diesen beherrschte.

Ihre Askese, die sie betrieb, mag schon ein Hochgefühl ermöglicht haben, wenn sie erneut eine selbstgesetzte Gewichtsgrenze unterschritten hatte. Gleichzeitig war aber in diesem Hochgefühl noch ein anderes Moment wirksam: Sozusagen die Garantie, rauschähnliche Zustände erleben zu können, die durch die Unterzuckerung bei ständiger lebhafter Bewegung ohne »Brennstoffreserven« entstanden.

Agnes Spielerfahrungen waren durch die jeweils zeitliche Nähe zu den damit einhergehenden Kränkungen zwar beschädigt, aber noch lebendig. Auch konnten sie sich an dem strengen Wächter, dem Introjekt, das sie bewachte, auch außerhalb von therapeutischen Situationen immer wieder »vorbeischlängeln«. Wiebkes Musikspiel, das eine wunderbare Erfahrung hätte sein können, war hingegen durch das verinnerlichte Leistungsintrojekt vergiftet.

Immer mehr Kinder haben heute wie Wiebke die Grauen Herren als Introjekte verinnerlicht, die ihnen ständig zuflüstern: »War noch nicht gut genug, noch besser machen!« Und: »So, jetzt bin ich (erst) zufrieden.« Oder: »Wenn du dich nicht noch mehr anstrengst, dann wird nichts daraus, siehste, habe ich dir doch gleich gesagt …!«

Die Basiserfahrung gegen das Resignieren – d.h. gerade im spielerisch-schöpferischen Handeln bestätigt zu werden – bleibt aus. Die Kinder fügen sich dem ständig fordernden Leistungsintrojekt, werden zu ernsthaften, verbissenen Menschen, die sich verzweifelt an ihre Tätigkeit klammern und nicht mit »Kindereien« abgeben: »Das macht also fünfhunderteine Million …«

Entscheidend ist dann, etwas nach außen vorweisen zu können, um die verinnerlichten Grauen Herren (und Damen) zufriedenstellen zu können. Diese endlich mal für einen kurzen Augenblick mit ihren offenen oder verdeckten Forderungen verstummen zu lassen – so wie ehedem die von außen auf die Kinder zukommenden Grauen Herren und Damen in ihrem Drängeln verstummten, wenn der Sieg über die Konkurrenz endlich errungen worden war. Die mit der Zeit verinnerlichten Grauen Herrschaften verstummen dann übrigens auch unter Einfluß von Alkohol oder anderen Rauschmitteln. Darum sind wir alle unter dem Einfluß dieser Mittel lockerer, weniger gequält.

Vermutlich verstummten bei Wiebke die Grauen Herren und Damen auch, wenn sie ihren Rausch aufgrund der Unterzuckerung erlebte.

Nur – wenn die Grauen Gestalten aus dem Rausch-Nebel wieder auftauchen, dann sind sie noch gnadenloser, beschämen um so mehr den Adressaten ihrer Botschaften:

»›Warum trinkst du?‹ fragte ihn der kleine Prinz. ›Um zu vergessen‹, antwortete der Säufer. ›Um was zu vergessen?‹ erkundigte sich der kleine Prinz. [...] ›Um zu vergessen, daß ich mich schäme‹, gestand der Säufer und senkte den Kopf. ›Weshalb schämst du dich?‹ fragte der kleine Prinz, der den Wunsch hatte, ihm zu helfen. ›Weil ich saufe!‹«

Allerdings geraten die uns beschämenden Grauen Gestalten nicht per Zufall in unsere innere Welt, in der sie dann als von außen kommende Eindringlinge kaum noch zu identifizieren sind. Es besteht eine fatale Interessengemeinschaft zwischen diesen Grauen Gestalten und unseren eigenen Allmachtsphantasien. Letztere sagen uns: »Ich kann alles«. Die Grauen Damen und Herren sagen zunächst: »Du kannst alles, wenn du dich genügend anstrengst.« Später sagen Sie dann: »Du hast dich nicht genug angestrengt, das ist aber eine Enttäuschung mit dir.«

Allmachtsphantasien entstehen aus dem Erleben in der harmonischen Verschränkung, d.h. durch die freundliche Hilfe derer, die unsere frühen Unzulänglichkeiten ausgleichen. Aus der Erfahrung der harmonischen Verschränkung heraus mit eben diesen Allmachtsphantasien läßt uns der Erkundungstrieb auf die Welt zugehen. Dabei werden wir auf unterschiedliche Weise desillusioniert: Freundlich, indem wir unter Erhalt der Abenteuerlust spielen oder brutal, was uns dann früher oder später auf Dauer resignieren läßt [4].

Sätze wie: »Du schaffst das schon«, können dann ermutigen, wenn wir – bildlich gesprochen oder auch wortwörtlich – schmerzhaft auf die Nase gefallen sind, wir Trost und Zuspruch brauchen.

Hingegen sind solche Sätze wenig am Bedürfnis und wohlverstandenen Eigeninteresse der Kinder orientiert, wenn sie zum Siegen anstacheln sollen. Es klänge merkwürdig, würden wir unseren Kinder sagen: »Du wirst es schon schaffen, am höchsten zu klettern, am schnellsten zu schwimmen, am besten Tore zu schießen, das schönste Bild zu malen ...«

Aber mit welcher inneren Gestimmtheit und Bereitschaft, sie ihre Welt auf eigenständige Weise spielerisch gestalten und erfahren zu lassen, schicken wir unsere Kinder in Wettbewerbe und Konkurrenz? Jugend lernt, forscht, malt, turnt, tanzt, singt, liest, reitet ...? Und wie wird die ängstliche Gestimmtheit der Eltern, die ihre Kinder fit für den Konkurrenzkampf des Lebens wissen möchten, von den Kindern selbst aufgefaßt? Für Wiebke war klar: »Ich muß siegen!«

Was bei ihr zu destruktiven Konsequenzen führte, weil sie kaum Spielerfahrungen hatte machen können. Hätte sie hingegen eine spielerische Welterfahrung gehabt, wäre ihre Desillusionierung nicht so entmutigend ausgefallen.

Einfache Musikinstrumente selber basteln, ausprobieren, experimentieren, wie Klänge entstehen, wäre ein Spielen ohne Leistungsdruck gewesen. Wiebke hätte so die Erfahrung machen können, daß ihr Welterkunden nach ihren eigenen Vorgaben gelingen kann. Was eben auch eine Förderung der von innen kommenden Motivation bedeutet hätte.

Aber ohne diese Erfahrung bestand ihre scheinbar einzige Rettung darin, sich nach dem Herausfallen aus der harmonischen Verschränkung mit ihren letzten, der Desillusionierung trotzenden Allmachtsphantasien ganz und gar den Grauen Herren auszuliefern. Mit Hilfe der Grauen Herren erwarb sie ein nur vom äußeren Erfolg abhängiges (extrinsisches) Motivationssystem. Was so lange gutging, bis sie ihre existentielle Desillusionierung erfuhr. Ihr Scheitern in der Konkurrenz führte daraufhin zum unbewußten Protest in der Anorexie. Der Versuch, vor den verinnerlichten Grauen Gestalten zu fliehen, mündete in die Selbstzerstörung durch Sucht.

Im nächsten Kapitel beschreibt Theo Hartogh, selbst begeisterter und begeisternder Musikpädagoge, wie Wiebke schon als Kind – vor jeder Therapie also – möglicherweise hätte geholfen werden können.

1 In Anlehnung an Furrer, W. (1970): Neue Wege zum Unbewußten, Bern.

2 H.-C. Deter u.a., (1989): Langzeitwirkung der Psychotherapie von Anorexia nervosa, Z.f. Psychosomatische Med. und Psychoanalyse, 35. Jg. S. 68–91

3 In Anlehnung an Klosinski, G. (1994): »Zur Geschichte meiner Geschichte«, Anleitung und Ermunterung des Therapiepatienten zum spielerisch kreativen Umgang mit eigenen »verrückten« Phantasien; Musik-Tanz- und Kunsttherapie, 5. Jg. S. 131–137

4 Allerdings – so eindeutig wie dieses Entweder/Oder klingen mag, sind die Verläufe dann auch nicht. Schon das Schicksal von Agnes läßt dies deutlich werden.

6.

Spielentgiftungen

von Theo Hartogh

«Als ich aus meiner peruanischen Heimat nach Deutschland kam, hatte ich weder eine genaue Vorstellung davon, wie es hier sein wird, noch darüber, was für Bilder mich hier erwarten würden. Ich möchte keine Interpretationen wagen. Vor allem habe ich viele Fragen: Warum wirken deutsche Kinder wie Erwachsene?
Warum spielen sie nicht zusammen auf der Straße?»

Luis Felipe Cueto

»Man ehre das Schöne und die Tugend.
Und jedes andere ähnliche Ding,
wenn sie Freude bereiten;
andernfalls soll man es fahren lassen.«

Epikur

Wiebkes musikalische Lebensgeschichte ist symptomatisch für den musikalischen Werdegang vieler Instrumentalschüler. In deren Ausbildung unterliegt das Musizieren einem starken Leistungsdruck, und die Grauen Herren gewinnen Macht über den Homo ludens. Wenn Instrumentalunterricht nur aus der Erarbeitung und Interpretation eines klassischen Repertoires mit dem Ziel der Perfektion besteht, werden dem Schüler auf diese Weise wesentliche Aspekte der Musik und des Musizierens vorenthalten!

Destruktiv wird eine solche Pädagogik, wenn das Musizieren in Wettbewerbssituationen oder im direkten Leistungsvergleich mit anderen steckenbleibt. Prestige und Perfektion drängen dann in den Vordergrund. Der musizierende Mensch bleibt auf der Strecke.

Aus musikpädagogischer Sicht hätte die Eingangsfrage von E. Schiffer heißen können: »Sind Sie schon einmal in eine musikalische Pfütze gesprungen? Haben Sie nicht nur ›klinisch sauber‹ und perfekt musiziert, haben Sie auch einmal absichtlich falsche Töne gespielt; haben Sie einfach das auf dem Instrument gespielt, was Ihnen gerade in den Sinn kam – ohne Noten, und vor allem – ohne schlechtes Gewissen?« Höchstwahrscheinlich nicht, denn ein solches Musizierverständnis hätte für Wiebke sicherlich eine stark entkrampfende Wirkung gehabt. Für ihre vorwiegend kognitiv und leistungsorientiert geprägte Lebensweise hätte das Musizieren dann einen idealen Ausgleich bedeuten können. Da aber Musizieren von ihr seit frühester Kindheit als Leistung verinnerlicht wurde, konnte sich die entspannende und ausgleichende Wirkung der Musik später selbst nach mehrjähriger Therapie leider nicht mehr entfalten. Musizieren mit dem ganzen Gemüt, auch aus dem Gefühl heraus, ohne ständige kognitive Kontrolle ist der Anorexiepatientin Wiebke zeitlebens unbekannt und fremd geblieben.

Dabei ist Musizieren viel mehr als das Interpretieren und Verstehen musikalischer Werke, so wie es sich in unserem abendländischen Musikverständnis etablierte. Neben dem Musizieren nach Noten gibt es auch das Experimentieren mit Klängen und den schöpferischen Umgang mit eigenen musikalischen Ideen in der Improvisation. Diese Musizierweisen führen in der Instrumentalpädagogik noch ein Schattendasein, während z.B. die Musiktherapie sowohl die freie als auch die gebundene Improvisation zur zentralen Musizierform entwickelt hat. Sie verwirklicht damit die Einsicht, daß jeder Mensch aufgrund seiner musikalischen Erlebnisfähigkeit musikalisch ist und sich auch musikalisch ausdrücken und mitteilen kann. Das muß nicht mit traditionellen Instrumenten geschehen, schon einfache, selbstgebaute Klangerzeuger können als Ausdrucksmedium genutzt werden. Ob eine einfache Schlauchtrompete oder eine Geige erklingt – beide ermöglichen ein Spielen, in dem ein authentischer, musikalischer Eigensinn den musizierenden Homo ludens sich entfalten läßt.[1]

In der deutschen Musikpädagogik war Carl Orff der Wegbereiter eines solchen Musizierverständnisses, das vor allem in Kulturen lebendig ist, in denen Musik nicht schriftlich fixiert wird. Xylophone, Schlagwerk, einfache Saiteninstrumente und selbstgebaute Klangerzeuger sollten Kinder zum Erfinden und Phantasieren mit Musik anregen. Leider wurde Orff bis heute oft mißverstanden, wenn seine Spielvorschläge notengetreu vorgespielt wurden, statt auch als Anregung für eigenes zu dienen. Überall dort, wo exaktes Üben ohne Spiel ausschließlich nach Richtig-und-

Falsch-Kategorien praktiziert wird, vergiften die Grauen Herren den Homo ludens, der die dominierende Identität des Musik *spielenden* Menschen sein sollte. Eine ganzheitliche Musikerziehung, die dem Schüler und der Musik gerecht werden will, muß Homo ludens mit der Spieltechnik und Perfektion versöhnen. Dies gelingt, wenn der Lehrer seine Schüler für das Instrument und die Musik begeistern kann. Altersangemessene Leistungsforderungen, die Freiraum für die individuelle Entwicklung geben, und vor allem Freude beim Musizieren sind die Garanten, daß Schüler ein Instrument als lebenslangen Wegbegleiter entdecken. Das Instrument kann im Idealfall ein Partner werden, mit dem der Mensch in Dialog tritt (intrapersonelle Kommunikation). Gleichzeitig wird es zum Werkzeug – »instrumentum« – des eigenen emotionalen Ausdrucks, wodurch das Zusammenspiel (fair play) mit anderen Menschen ermöglicht wird (interpersonelle Kommunikation). In diesem Sinne erfüllt das Instrument alle Kriterien eines Übergangsobjekts, das durch Gefühle, Sehnsüchte und Phantasien belebt ist. Nicht spieltechnische Kunststücke und Etüden, sondern individueller emotionaler Ausdruck läßt ein Instrument lebendig werden und eröffnet ein Spielen zwischen innerer und äußerer Realität (Intermediärbereich), das durch Hingabe, Freude und Glück gekennzeichnet ist. Sollte Wiebke wieder musizieren, dann kann es nur mit einem Lachen sein – ein Lachen, wie sie es beim Schwärzen der Papierbögen zeigte. Das Musizieren entwickelt sich nicht in einer abgeschlossenen »Üb-Zelle«, sondern im Musizieren mit anderen, die miteinander spielen, um dadurch gemeinsam Freude zu gewinnen.

1 S.a. Hartogh, T. (1995): Spielen mit Klang und Rhythmus. Essen/Ruhr.

Teil 2

Hoffnung in der Wüste

7.

Zwei Welten, zwei Sprachen und zwei Gestalten mit einer vertrackten Beziehung: Homo faber und Homo ludens

»›Bitte…zeichne mir ein Schaf!‹
›Wie bitte?‹ ›Zeichne mir ein Schaf … ‹
Ich bin auf die Füße gesprungen, als wäre der Blitz in mich gefahren. ... Als ich endlich sprechen konnte, sagte ich zu ihm:
›Aber … was machst denn du da?‹
Da wiederholte es ganz sanft, wie eine sehr ernsthafte Sache:
›Bitte … zeichne mir ein Schaf …‹
Also habe ich gezeichnet. Das Männchen schaute aufmerksam zu, dann sagte es: ›Nein! Das ist schon sehr krank. Mach ein anderes.‹
Ich zeichnete. Mein Freund lächelte artig und mit Nachsicht:
›Du siehst wohl … das ist kein Schaf, das ist ein Widder. Es hat Hörner …‹
Ich machte also meine Zeichnung noch einmal. Aber sie wurde ebenso abgelehnt wie die vorigen: ›Das ist schon zu alt. Ich will ein Schaf, das lange lebt.‹ Mir ging die Geduld aus, ... so kritzelte ich diese Zeichnung da zusammen und knurrte dazu: ›Das ist die Kiste. Das Schaf, das du willst, steckt da drin.‹
Und ich war höchst überrascht, als ich das Gesicht meines jungen Kritikers aufleuchten sah: ›Das ist ganz so wie ich es mir gewünscht habe. Meinst du, daß dieses Schaf viel Gras braucht?‹«

Antoine de Saint-Exupery

In Agnes sinnenfreudiger Spielerfahrung steckte im Grunde – verglichen mit Wiebkes Spielerfahrung – eine gewaltige Kraft. Es waren zwar eher sparsame Stichworte, mit denen sie diese Erfahrung vermittelte. Aber mit dem Leuchten, das über ihr vordem so versteinertes Gesicht ging, ließ sie ihre verschüttete Welt plötzlich sehr lebendig werden.

Vermutlich war alles, was sie beim Spielen erlebt hatte, nämlich die Sinneseindrücke entlang ihrer eigenen Bewegung (»Sensomotorik«), die Wahrnehmung der Außenwelt sowie die begleitenden Gefühle nur in einem beschränkten Umfange über die Sprache erinnerungsfähig.[1]

Daher waren ihre sprachlichen Mitteilungen besonders anfänglich so dürftig. Aber ihre Kommunikation, ihr Zusammensein mit den – kaum der deutschen Sprache mächtigen – Flüchtlingskindern so lebendig und beglückend.

Vermutlich hätte die erwachsene Agnes sich leichter an ihre Spielerlebnisse erinnern und diese sprachlich auch lebendiger darstellen können, wenn die kleine Agnes jemanden gehabt hätte, dem sie wie mir mit dem gleichen Leuchten im Gesicht von ihrem Spielen hätte etwas erzählen oder ein Bild dazu malen können – dem älteren Bruder oder Vater und Mutter, vielleicht auch dem Lehrer …

Dann wäre aus der Spielfreude möglicherweise auch eine Erzählfreude geworden. Vielleicht auch eine Schreibfreude.[2]

Für Wiebke galt im Unterschied zu Agnes, daß es in ihrer Spielvorgeschichte für die Erinnerung und Mitteilung kaum etwas an Erlebnissen gab, das in die Wortsprache hätte überführt werden können. Deshalb mußte ich auch für Wiebke mit meiner Frage nach dem Spielen in der Pfütze als ein Wesen von einem anderen Stern erscheinen.

Anfänglich unterschieden sich Agnes und Wiebke in ihrer sprachlichen Erinnerungs- und Mitteilungsfähigkeit jedoch kaum. Allerdings war Agnes trotz ihres Alters und der Dauer ihrer Krankheit in der Lage, ihre früheren Spielerfahrungen produktiv für sich zu nutzen. Wiebke hingegen brauchte lange Zeit, um sich auf die freundlichen Einladungen zum leistungsfreien Spielen einlassen zu können. Jegliche spontane Äußerung ohne Eigenkontrolle wurde von ihr nämlich als die schwierigste Übung, die man ihr überhaupt zumuten konnte, betrachtet und erschien dann natürlich für sie sofort als Leistungsanforderung.

Agnes' und insbesondere Wiebkes Sprache, bzw. Spracherwerb können weitgehend als typisch für Menschen mit einem »operationalen Denken« angesehen werden. Deren Schicksal ist, daß die körperlich-emotionalen Erfahrungen weitgehend außer- und unterhalb von Sprache bleiben. Die daraus entstehenden sprachlichen Gebilde sind dann wie lexikalische Begriffe bedeutungsmäßig stark eingeschränkt. Und über leere Zeichen können keine Gefühle ausgedrückt werden.[3] Eine solche Sprache ist häufiger bei Patienten mit psychosomatischen Erkrankungen anzutreffen – so wie bei Wiebke mit ihrer Magersucht. Und die Zuckerkrankheit von Agnes wies auch einige psychosomatische Aspekte auf. Sarkastisch merkte Agnes einmal an, daß ihr Zucker das einzige sei, womit sie sich bislang ihr Leben habe versüßen können. Ihr Sarkasmus war übrigens auch eine Spur zu ihrer Lebendigkeit, die unter der starren, technisch-kalten »operationalen« Sprech- und Denkweise verborgen lag.

Gelingt es jedoch im Kindesalter[4], die erlebten Sinneserfahrungen und Gefühle aus der Welt des Spielens mit ihren Abenteuern und Entdeckungen in innere Bilder und in Wort-Sprache zu überführen (zu «symbolisieren«), bleiben sie besser erinnerbar. Dann werden die Sprache und die Phantasie auch später noch lebendig sein. Das Lebenswerk von Astrid Lindgren ist ein überzeugendes Beispiel hierfür.

Gleichzeitig wird in der Sprache oft eine liebenswerte Aufsässigkeit erkennbar. Exemplarisch hierfür sind ebenfalls Astrid Lindgrens Geschichten mit ihren Gestalten wie »Michel aus Lönneberga« oder »Pippi Langstrumpf«. Wir finden diese liebenswerte Aufsässigkeit aber auch bei »Huckleberry Finn«, »Momo« oder dem »Kleinen Prinzen«.

Gemeint ist eine schöpferische oder – mit einem anderen Begriff – eine poietische Aufsässigkeit. Aus dem griechischen »poiesis« (Hervorbringen) ist übrigens auch Poesie abgeleitet – mit einer Sprache, die lexikalische Einengungen und die Grammatik sprengt.

Poietisch sind auch die Sprache und das sich darin widerspiegelnde Welterleben des Homo ludens[5], des »spielenden Menschen«.

Sprache
Die Sonne spricht zu uns mit Licht,
Mit Duft und Farbe spricht die Blume,
Mit Wolken, Schnee und Regen spricht
Die Luft. Es lebt im Heiligtume
Der Welt ein unstillbarer Drang,
Der Dinge Stummheit zu durchbrechen,
In Wort, Gebärde, Farbe, Klang …

Hermann Hesse

Im Gegensatz hierzu stehen Sprache und Welt des vereinsamten Homo faber, des »technischen Menschen«, wie Max Frisch diesen sich so erschreckend artikulieren läßt: »Ich habe mich schon oft gefragt, was die Leute eigentlich meinen, wenn sie vom Erlebnis reden. Ich bin Techniker und gewohnt, die Dinge zu sehen, wie sie sind.«

Die Schriftstellerin Hannah Arendt beschreibt diesen Homo faber als »unfähig, Sinn zu verstehen.« Ihm gehe es im wesentlichen nur um die vollständige Beherrschung der Natur. Angestrebt wird offensichtlich eine Welt, die vermöge technischer Mittel beständig und nicht den »Launen« der Natur ausgeliefert ist. Für einen solchen Homo faber stellt z.B. auch eine Wiese nur einige Quadratmeter unbewirtschafteter oder schlecht ausgebeuteter Landfläche dar, die unproblematisch in ein Straßenstück umgewandelt werden kann. Bei der Wiese fällt ihm nicht der Duft der Erde nach einem Frühlingsregen ein, er riecht nicht die Blumen, das Heu, er hört nicht das Summen der Käfer und spürt nicht die Sonne auf seiner Haut. Und er kann sich auch nicht vorstellen, was es für ein achtjähriges Schulkind für ein Erleiden von Gewalt bedeutet, wenn es tagtäglich auf seinem Schulweg mit seinem Fahrrad von einem tonnenschweren LKW in einem Abstand von 50 cm überholt wird.

Solch ein Homo faber droht zu erstarren. In mancherlei Hinsicht hat er auch das an sich, was Erich Fromm mit Nekrophilie (wörtlich: die Liebe zum Toten) beschreibt. Er kann zu einem »Objekt« – zu einem Menschen oder z. B. auch zu einer Blume – nur dann eine Beziehung aufnehmen, wenn er eben dieses Objekt besitzt oder zumindest kontrollieren kann. Aus Angst vor Verlust klammert er sich so fest wie ein Ertrinkender an ein Objekt, das dann aber Gefahr läuft, erwürgt zu werden. Er möchte über andere herrschen und tötet dabei das Leben. Eine tiefe Angst vor dem Leben erfüllt ihn, weil das Leben in vielen Aspekten nach ungeordnet und unkontrollierbar ist.

Bei Erich Fromm heißt ein solcher Homo faber auch Homo mechanicus.[6]

Erinnert sei auch an unsere Überlegungen zum Klammern und akrobatischen Springen als Reaktion auf den Verlust der paradiesischen harmonischen Verschränkung. Der vereinsamte Homo faber klammert sich an die Objekte und möchte sie vermöge seiner Technik beherrschen. Gleichzeitig sucht er mit immer kühneren technischen Sprüngen sich von der Objektabhängigkeit zu befreien. Das geht für ihn so lange gut, bis sein Computer, der ihm hilft, einmal abstürzt.

Aber es kann nicht darum gehen, den Homo ludens gegen den Homo faber auszuspielen. Gemeint ist kein Entweder-Oder, sondern eine spannungsgeladene, nein spannende Gleichzeitigkeit beider. Vermutlich würde in unserer Welt der Homo ludens ohne den Homo faber auch bald zum Sozialfall – nachzulesen bei Janosch:

»Eine Grille hatte den ganzen Sommer nichts anderes getan, als auf einer Geige gefiedelt, weil ihr das so gut gefiel. Und auch für die anderen kleinen Tiere auf dem Feld zur Freude und zum Tanze. Und als dann der Winter kam, hatte sie nichts zu essen. Hatte keine Vorräte gesammelt und sich keine warmen Handschuhe gestrickt. Hatte auch kein Winterhaus gebaut. Mit Ofen. Der kalte Winterwind wehte durch ihr dünnes Kleidchen, o Gott, wie war das kalt. Da ging sie zum Hirschkäfer. Der Hirschkäfer ist ja der Oberförster unten im Wald für die ganz Kleinen, und der Oberförster muß zu allen Tieren gut sein, wenn sie in Not sind. ›Ob ich bei Ihnen vorübergehend kostenlos einen Winter lang wohnen könnte?‹ fragte die Grille. ›Denn ich habe kein Haus.‹ ›Waas‹, rief der Hirschkäfer, ›wohnen? Da kommen Sie mir gerade recht. Den ganzen Sommer über herumgeigen und anderen Leuten damit auf die Nerven gehen und dann auf meine Kosten leben wollen. Nein, nein, Mariechen, da wird nix draus. Leben Sie wohl.‹ Da trottete die arme Grille weiter durch den Schnee mit ihrer kleinen Geige unter dem Kleidchen und ging zu der Maus. Die Maus wohnte in einer alten, grünen Gießkanne. Dort hatte sie so viele Vorräte gesammelt, daß sie drei ganze Winter davon hätte leben können. ›Ob ich da mal so ein bißchen bei Ihnen wohnen könnte?‹ fragte die Grille. ›Nur für einen Winter vorübergehend. Kostenlos.‹ ›Kostenlos‹, rief die Maus, ›daß ich nicht lache. Erst den ganzen Sommer lang herumfiedeln und die Nachtarbeiter beim Schlaf stören und dann auf anderer Leute Kosten sich einen lustigen Winter machen wollen. Nein, nein, Mariechen, da gehen Sie mal schön wieder weiter‹. Da stapfte die arme Grille weiter durch den tiefen Schnee. O, Gott, war das kalt. Es war zum Erfrieren. Da ging sie zum alten Maulwurf, der in einer Kellerwohnung wohnte. Mit Ofen. ›Oh, Besuch!‹ rief er, als er die Grille kommen hörte. ›Kommen Sie nur näher‹, sagte er. ›Lassen Sie sich befühlen, denn ich sehe so schlecht. Weil ich blind bin. Macht nix. Kommt von der schwarzen Erde hier unten, wo ich arbeite‹. Er erkannte die Grille sofort an ihrer kleinen Geige, denn er hatte im Sommer oft ihrem Gefiedel gelauscht. ›Oh, spiel doch was, du‹, bat er sie, denn wer schlecht sieht, der hört um so lieber Musik, ›und bleibe hier, ja?‹ Die Grille blieb, und sie machten sich ein schönes warmes Leben zusammen.«

Laut Duden ist der Homo faber ein praktischer, technisch begabter Mensch. Er hat sich ein Haus gebaut, mit Ofen. Und mit Vorräten in der Kühltruhe. Aber er ist zumeist einsam und blind.[7] Der Homo ludens – in unserem Beispiel die Grille – kann ihn in seiner Einsamkeit abholen und seine schöpferische Unvollständigkeit ausgleichen helfen. So wie anders herum der Homo faber der Grille mit seiner Technik aushilft.

In der schönen Fabel von Janosch taucht der Homo faber in zwei Versionen auf. Zunächst in den Gestalten des Hirschkäfers und der Maus und dann als der blinde Maulwurf. Hirschkäfer und Maus können mit dem Geigenspiel der Grille nichts anfangen, das ging ihnen im Sommer schon auf die Nerven. So können sie auch keine Beziehung zu der Grille herstellen. Hier haben wir also die Version des vereinsamten, dialogunfähigen Homo faber, der nicht weiß, was ein Erlebnis ist.

Der blinde Maulwurf hingegen hat der Grille schon einen ganzen Sommer lang zugehört. Er freut sich über ihren Besuch: Kommen Sie nur näher ... lassen Sie sich befühlen. Beide zusammen geben ein hervorragendes Gespann ab, das gut über den Winter kommt.

Eine weitere gelungene dialogische Begegnung zwischen Homo faber und Homo ludens stellt die Geschichte vom Kleinen Prinzen dar.[8] Hier trifft der Erzähler, der notgelandete Pilot, in dem Kleinen Prinzen auf eine Gestalt, die als Teilgestalt seiner selbst ihm noch gut erinnerbar ist: Erinnerung an die Möglichkeiten, die in ihm schlummern!

Die Erfahrungen mit den Erwachsenen und ihren abwertenden Kommentierungen zu seinem selbst gemalten Bild »Elefant in der Schlange« haben zwar innere Wächter in ihm, dem Erzähler, etabliert. Diese sind aber nicht mit einer solchen gespenstischen Macht ausgestattet, daß sie ihn daran hätten hindern können, sich zusammen mit dem Kleinen Prinzen auf den Weg zu machen. Und sie haben ihren Brunnen gefunden – mitten in der Wüste. Sie sind nicht resignierend verdurstet. Er, der Erzähler, hat die bislang unhörbare Botschaft des Kleinen Prinzen verstanden, als Erinnerung an seine eigenen Möglichkeiten. Für seine Utopie.

Nun hat der Erzähler in der Geschichte vom Kleinen Prinzen vermutlich seine frühen und zunächst sprachlosen[9] Handlungs- und Wahrnehmungserfahrungen einschließlich der Affekte ausreichend in eine lebendige Bilder- und auch Wortsprache umschreiben (symbolisieren) können. Oder etwas anders ausgedrückt: Handlung, Wahrnehmung und Affekte sind von ihm in Bilder (präsentative Symbole) und Sprache (diskursive Symbole) eingebracht worden.

In diesen Symbolen vergegenwärtigen sich die ganze Abenteuerlust und die damit verknüpften Erlebnisse der Kindheit: Stöbern, Staunen, Rennen, Springen, Klettern, Toben, Schreien, Stürzen, Singen, Tanzen, Matschen ... Wer soviel »power« innerlich bewegt, hat in der Regel auch heute noch »fun«, ohne daß käufliche Kick-Erlebnisse vonnöten wären. Über derartige Symbolisierungen ist das Schaf in der Kiste tatsächlich gut erkennbar. Auch wenn als gemaltes Symbol bloß die Kiste erscheint.

Wenn aber Jugendliche und Erwachsene heute immer mehr eine reizintensive äußere Erlebniswelt oder Rauschmittel brauchen, um überhaupt noch etwas zu erleben, so mag das unter anderem folgende Gründe haben:

– Da war wie bei Wiebke nur viel zu wenig – oder nur durch Leistungsintrojekte Vergiftetes – mit den Sinnen zu erleben;[10]

– oder/und die Erlebnisse konnten nicht ausreichend mit Symbolen verknüpft werden.

Letzteres war auch Agnes Schicksal, wobei ihr ihre gespensterhaften Introjekte gleichzeitig verboten, spontan neue Kontakte mit dem Homo ludens aufzunehmen und sprachgebundene Spielerfahrungen zu machen. Das war dann erst durch die Ermutigung in der Therapie möglich.

Diejenigen, die ständig auf den äußeren intensiven Reiz einschließlich Suchtmittel angewiesen sind, haben sehr oft keine eigene innere Resonanz auf das, was sie aktuell jeweils erleben. Ihnen fehlt der – spielerisch erwerbbare – ungeheure Reichtum gefühls- und sinnenhafter Vorerfahrungen. Letztere werden in den Symbolisierungen vergegenwärtigt und mit dem jeweils aktuellen äußeren Eindruck verknüpft.

Ihren Sinn finden diese Symbole auch darin, daß ich mich meiner selbst vergegenwärtigen und mir Klarheit darüber verschaffen kann, was mich bewegt, mich freut oder mir fehlt, mir schadet oder »gut tut« ... Gleichfalls bedarf ich dieser Symbole, um mich zu eben diesen Themen einem Du mitzuteilen: Was mich erfreut, ärgert, verletzt, beschämt ...

Gerade auch dann, wenn Kinder bedrängt werden und Gefahr laufen, von einem »guten Freund der Familie« oder einem nahen Verwandten sexuell traumatisiert zu werden, sind sie auf diese Symbole angewiesen. Wenn über die Sprachsymbole keine Gefühle transportiert werden können, werde ich trotz meines Redens im entscheidenden Augenblick stumm bleiben. Das Wesentliche bleibt ungenannt.[11]

Spätestens an dieser Stelle nun ist es notwendig, sich noch einmal den Homo faber, bzw. Homo technicus anzuschauen. Dieser erschien bislang nur als armselige Negativgestalt, die ohne therapeutische Hilfe suchtgefährdet oder von psychosomatischen Krankheiten bedroht ist. Aber dies meint nur den Homo faber, der den Homo ludens als Begleiter vergessen oder verloren hat.

Es geht jedoch – wie schon erwähnt – um das spannende Miteinander beider.

Gleich mehr dazu im nächsten Kapitel.

1 Und das, was grundsätzlich erinnerungsfähig bei ihr war, gelangte anfangs spontan auch nur bruchstückhaft – aufgrund des Kontrollintrojektes – in ihr Bewußtsein.

2 Kinder haben – zunächst – einen ungeheuren Spaß an der Produktion von kleinen Geschichten, Briefchen und Zeitungen. Intrinsische Motivation pur! In schöpferischer Unbekümmertheit werden die Texte vielfach lautsprachlich gestaltet und stolz als Ausdruck neu erworbener Kompetenz präsentiert. Schade, wenn Poesie, Erzählfreude, Funktionslust und neu erworbene »kommunikative Kompetenz« nicht beachtet oder in das Korsett von Rechtschreibung und Grammatik gezwängt werden. Dies gilt auch für die Aufsatzerziehung im dritten und vierten Grundschuljahr. Rotstift und Ziffernoten wirken hier destruktiv. Korrekturen mit dem Bleistift, diskret über der Schrift und nicht in der Schrift des Kindes angebracht, reichen völlig. S. hierzu auch Ute Andresen (1985): So dumm sind sie nicht. Von der Würde der Kinder in der Schule. Weinheim.

3 So bei Siegfried Zepf (1976): Grundlinien einer materialistischen Theorie psychosomatischer Erkrankungen, Frankfurt a.M.

4 Oder später, dann allerdings meist als Therapie.

5 Homo ludens und Homo faber sind hier zunächst nicht als konkrete lebendige Menschen gemeint. Es handelt sich vielmehr um literarische oder philosophisch-psychologische Darstellungen typisierter menschlicher Merkmale oder Verhaltensweisen, die als »Symptome« zu einem »Syndrom« zusammengefaßt werden. Wir finden diese Symptome dann mehr oder minder deutlich ausgeprägt als Teilidentitäten am lebendigen Menschen wieder.

6 Fromm, E. (1979): Die Seele des Menschen: ihre Fähigkeit zum Guten und zum Bösen, Stuttgart.

7 So Thomas Leithäuser (1991): Lust und Unbehagen in der Technik; Frankfurt.

8 Eugen Drewermann hat in einer beeindruckenden tiefenpsychologischen Arbeit zu dem Text des Kleinen Prinzen die innere Konflikthaftigkeit des Autors de Saint-Exupéry aufgezeigt. Unbeschadet – oder gerade wegen – dieser konfliktbegründeten Einschränkungen, die Antoine de Saint-Exupéry erlitt, kommt seiner Freiheit im Intermediärraum des Poetisch-Schöpferischen eine um so größere Bedeutung zu: Poesie als letzter Ort wirklicher Freiheit für Antoine de Saint-Exupéry stellte vermutlich auch dessen einzige Überlebensmöglichkeit dar. Drewermann merkt zum Gespräch zwischen dem Kleinen Prinzen und dem Piloten als polaren Teilidentitäten von de Saint-Exupéry an, daß in diesem Dialog nicht die Synthese gelinge. Beide gingen wieder auseinander – dorthin, woher sie gekommen seien.

Jedoch, so meine ich, der Dialog hat Auswirkungen – wie jeder Leser, jede Leserin spürt. Die Synthese vollzieht die Leserin/der Leser selbst. Gerade die Leser werden doch von Antoine de Saint-Exupéry zum Schluß des Textes vom Kleinen Prinzen gebeten: »Schreibt mir schnell, wenn er wieder da ist«. Und weiter: Wenn das existentielle Problem von de Saint-Exupéry aufgrund des frühen Todes seines Vaters in der starken Mutterbindung bestand, so gäbe es doch hier – real oder fiktiv – ein heilsames Gegenmoment: nämlich die Bindung an die Spielkameraden (peer-group). Und als Appell an diese mag doch der eben zitierte letzte Satz aus dem Kleinen Prinzen verstanden werden. Die Synthese, die Drewermann bei de Saint-Exupéry vermißt, ermöglicht so der mitspielende Leser. Poesie erscheint als gemeinsamer Spielraum, in dem der Autor seine neurotischen Fesseln sprengt. So ist der resignative Einschlag in der Geschichte vom Kleinen Prinzen wohl eher als aktive und nicht als passive Resignation zu verstehen. (S. Kapitel 18)

9 Später dann aber auch die sprachbegleiteten Handlungs- und Wahrnehmungserfahrungen.

10 S.a. Schiffer, E. (1990): Der entfremdete Hunger. Weltzerstörende Unersättlichkeit als Suche nach Sinn und Geborgenheit. Basel.

11 Ein geeigneter Ort, über gefühlshaft bedeutsame Themen ins Gespräch zu kommen, ist für Kinder die Situation um die Gute-Nacht-Geschichte. Wenn Eltern Zeit finden, sich auf eine Gute-Nacht-Geschichte einzulassen, so verstehen sie sich zumeist auch intuitiv darauf, diese Situation als einen geschützen Ort einzurichten. Hier kann über die spontanen Gedanken zu der – noch so kleinen – Geschichte ohne Zwang und ohne Beschämung geprobt werden, wichtige Gefühle ins Gespräch zu bringen. Der Kassettenrekorder ist dazu jedoch nicht geeignet, der kennt nur den Monolog.

8.

Der Entwurf – ein Besuch am Treffpunkt von Homo faber und Homo ludens

»Schließlich fiel ihm etwas ein: ›Wenn eine Flasche schwimmen kann, dann kann ein Krug auch schwimmen, und wenn ein Krug schwimmt, kann ich mich auf ihn draufsetzen, wenn es ein sehr großer Krug ist.‹
Er holte also seinen größten Krug hervor und stöpselte ihn fest zu. ›Alle Schiffe müssen einen Namen haben‹, sagte er, ›ich werde meines ›Der schwimmende Bär‹ nennen.‹ Mit diesen Worten ließ er sein Boot ins Wasser fallen und sprang ihm nach. Eine kleine Weile lang wußten Pu und ›Der schwimmende Bär‹ nicht genau, wer von ihnen oben schwimmen sollte, aber nachdem sie zwei oder drei verschiedene Lagen ausprobiert hatten, entschieden sie, daß ›Der schwimmende Bär‹ unten schwamm und Pu triumphierend rittlings auf ihm saß und heftig mit den Füßen paddelte. ...
›Nun, Pu, wo ist dein Boot?‹ fragte Christoph Robin.
›Ich muß dir sagen, daß es kein gewöhnliches Schiff ist‹, erklärte Pu. ›Manchmal ist es ein Schiff, und manchmal ist es mehr ein Unfall‹«

Alan Alexander Milne

»Jedes Werk, das der Mensch vollbringen vermag, wird möglich nur durch einen vorgängigen Entwurf. Das Entwerfen ist jenes ursprüngliche Vermögen, welches den Menschen befähigt, zu produzieren und zu planen, sich Häuser zu bauen, Städte zu gründen, Staaten zu bilden und jene künstliche Welt zu erzeugen, die ihm das Leben inmitten einer feindlichen Natur erst möglich macht. Das Entwerfen ist das Grundvermögen der Kunst ... (und) hat immer den Charakter des Entdeckens oder Verfehlens von wirklichen Möglichkeiten.«

Georg Picht

Wenn Michael Balint von den »Fähigkeiten« (skills) als verläßlichem Können spricht, das als Technik für den Akrobaten die Voraussetzung darstellt, unter erregender Anspannung (im »thrill«) die Welt der Objekte zu beherrschen, so können wir darin schon etwas von den Grundmotiven des Homo faber erkennen.

Wir entdecken den Homo faber allerdings kaum im Seiltänzer, obschon auch dieser perfekte Techniken »drauf haben« muß, um nicht abzustürzen. Und wir erkennen ihn schon gar nicht in der Grille, die ihre Geige technisch virtuos handhabt.[1] Eher leuchtet uns das Homo faber-Motiv bei einem Rennfahrer ein, der vermöge seiner Techniken sein Auto beherrschen und mit den Beschaffenheiten der Rennstrecke fertig werden muß.

Wie die Leserin/der Leser sich weiter erinnert, ist das erste intensive thrill-Erleben eng mit dem Laufenlernen, d.h. auch mit dem »Auf-den-eigenen-Füßen-stehen-Können« verknüpft. (S. Kp. 3–4).

Dies wiederholt sich symbolisch zur Zeit der Adoleszenz, also im Alter zwischen 16 und 20 Jahren, wenn es um die eigene Identität (z.B. die politische Meinung) und die Existenz (z.B. den Beruf) geht. Auch hier ist Eigen-Ständigkeit das Ziel.

Für die Eigenständigkeit wird der Erwerb von Fertigkeiten und Techniken von frühester Kindheit an spielend geprobt. Puppenspiel und Springseil, Bolzen und Ballbeherrschung, Roller- und Fahrradfahren, game-boy und Computer, Streit und Diskussion …

Das Ganze macht Spaß, weil es von innen her (intrinsisch) motiviert ist, d.h. die äußeren Erfordernisse mit den eigenen Möglichkeiten meist übereinstimmen. Homo faber und Homo ludens sind hier offensichtlich noch identisch.

Das ändert sich sehr rasch in der Schule. Hier werden skills als Fertigkeiten und Techniken ebenfalls für die Eigenständigkeit geprobt. Allerdings aus einer von außen gelenkten (extrinsischen) Motivation heraus. Schon seit Jahrhunderten. Sonst gäbe es auch nicht den berüchtigten Spruch: nun scholae sed vitae discimus (nicht für die Schule, sondern für das Leben lernen wir).

Der Homo faber gerät in der Schulzeit mehr und mehr in Widerspruch zum Homo ludens, wird auch immer mehr mit Fremdkontrolle und innerem Wächter (Introjekt) verbunden als mit Eigenbestimmung und Selbstentfaltung. Möglichkeiten einer Zusammenführung böten allerdings immer noch die schöpferischen Fächer – Musik, »Kunst«, Werken, Leibesübungen, frühe Aufsatzerziehung usw. – sofern in diesen Fächern der Prozeß selbst einschließlich Produktbetrachtung und nicht das bloße Produkt im Vordergrund stünden.[2]

Wie bereits erwähnt, gehört zu der Entfaltung von Techniken (skills), daß dabei erregende Anspannung (thrills) und lustvolle Entspannung (flow) erlebt werden. Begleitet wird dieses Geschehen von Allmachtsgefühlen und Allmachtsphantasien[3]. Und immer wieder werden wir verführt, unsere technische Kompetenz mit tatsächlicher Allmacht zu verwechseln. Die Folgen können tödlich sein – siehe die Straßenverkehrsopfer und die oftmals schweren Unfälle bei den Hochrisiko-Sportarten.

Allmachtsgefühle, bzw. später auch die Allmachtsphantasien haben ihren Ursprung in der harmonischen Verschränkung. Gemeint ist die freundliche Hilfe für das Kind in dessen Handeln durch die Eltern. Der Verlust des Paradieses der harmonischen Verschränkung mit den frühen Allmachtserlebnissen kann durch die »skills« und das Erleben der Fähigkeit, auf eigenen Füßen zu stehen, teilweise wieder wettgemacht werden. Spätere Allmachtsphantasien sind beflügelnd und tröstend. In unseren Tagträumen können wir unsere Allmachtsphantasien pur erleben. Sie helfen uns oft, nicht zu resignieren. Was auf Dauer aber nur gilt, wenn wir aus den Tagträumen heraus wieder Anschluß an die sogenannte äußere Wirklichkeit finden. Wie das Fallbeispiel von Sonja zeigt, kann dieser Anschluß auch noch im Erwachsenenalter über spielerisch-schöpferische Aktivitäten verwirklicht werden.

Für Kinder in trostlosen Situationen können Allmachtsphantasien geradezu lebensrettend sein: Ein besseres inneres Land gewährt Asyl.[4] Für Erwachsene in Extremsituationen, wie z.B einer längeren Zeit unter Haftbedingungen, gilt ähnliches gegen das Resignieren. Aufsässig klingt es, wenn wir – noch – singen können: »Die Gedanken sind frei…« Hicr ist es die aktive innere Beweglichkeit, die hilft, eine eingeschränkte äußere Beweglichkeit zu ertragen.

Der Ethno-Psychoanalytiker Mario Erdheim[5] bricht eine Lanze für die Allmachtsphantasien, die sonst eher skeptisch im psychoanalytischen Denken beäugt werden: »Jeder Entdecker und Erfinder, Künstler oder Wissenschaftler wird unter dem Druck seiner Omnipotenzphantasien auf eine sofortige Realisierung seiner Ideen drängen. Auch wenn nicht jeder ein Einstein oder ein Wagner ist, so sind es doch dieselben Kräfte, die das Machbare und das Wünschbare als ein und dasselbe erscheinen lassen; ohne die Größen- und Allmachtsphantasien gäbe es keine Kulturgeschichte.«

Hier wird offenkundig genau derselbe kraftvolle Prozeß angesprochen, den der Historiker Johan Huizinga meint, wenn er »vom Ursprung der Kultur im Spiel« spricht. Allerdings bedarf es hierzu der Identität, zumindest der Gemeinsamkeit von Homo ludens und Homo faber.[6]

Der Homo ludens spielt in und mit seinen Größenideen. Widersprüche, Ordnungen von Zeit und Raum sind ihm kein Problem. Der Homo faber spielt mit, greift die vom Homo ludens gelieferten Einfälle gerne auf und versucht sie umzusetzen. Selbstverständlich hat auch der sonst so sachliche Homo faber – augenzwinkernd – Gefallen an Größenideen, die ihm geliefert werden: »Dem Ingenieur ist nichts zu schwör«.

Wenn Homo ludens und Homo faber zusammenwirken, so kann man sich folgende Aufgabenverteilung denken: Vom Traum/Tagtraum/Phantasieren zum Probieren/Gestalten, dann zum Betrachten/Verweilen mit dem daraus re-

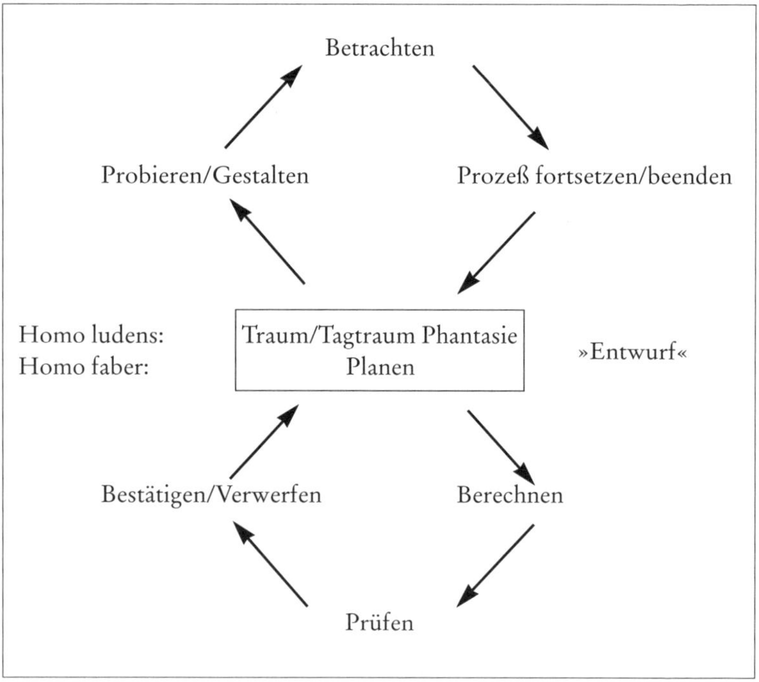

sultierenden Entschluß, den Prozeß im neuerlichen Phantasieren fortzusetzen oder zu beenden – das wäre die Sphäre des Homo ludens.

Der Homo faber plante und berechnete, prüfte Planung und Berechnung, um sie zu bestätigen oder zu verwerfen und um dann weiter zu planen. Der Treffpunkt von Homo ludens und Homo faber wäre in der Durchdringung von Phantasieren und Planen gegeben. (Siehe kleine Skizze.) Salopp könnte man hierzu formulieren: Homo ludens denkt vorwiegend rechtshirnig, Homo faber linkshirnig. Eine Verknüpfung der beiden Denkweisen wird durch die funktionelle Verbindung der beiden Hirnhälften ermöglicht. (Siehe hierzu auch den Beitrag von Jochen Hering: »Rechts meets links«.)

Die Durchdringung von Traum/Tagtraum/Phantasie und Planen mag man als »Entwurf« bezeichnen, z.B. ganz konkret den architektonischen Entwurf eines Hauses. Je weniger das Planen von Traum/Tagtraum/Phantasie durchdrungen ist, desto langweiliger wird der Entwurf. Aber nicht nur beim Hausbau.

Planen, Berechnen und Prüfen stellen im wesentlichen die Vorgehensweise der angewandten Normalwissenschaft dar, in der stets nur das Bestätigung findet, was je gewußt wird. Neue Sichtweisen werden dann entweder als unrealistisch, bzw. »undenkbar« abgewertet oder in bekannte Schubladen eingeordnet und übersehen.[7]

Je weniger hingegen die Träume/Tagträume/Phantasien mit dem Planerischen verbunden sind, desto »grillenhafter« zeigen sich die damit verknüpften Entwürfe – obgleich unsere Grille mit ihrem Lebensentwurf vermöge ihrer Fiedelkünste noch ganz gut zurechtkam. Es waren eben nicht nur Luftschlösser, in denen sie wohnte.

Ein gelingender Entwurf meint zunächst Desillusionierung über das, was von den spielerischen Größenphantasien übrigbleiben kann. Gleichzeitig sind damit aber auch Abenteuer- und Glücksgefühl verbunden. Überwiegen eben diese die kränkende Desillusionierungserfahrung, so wird sich auch hier trotz Desillusionierung ein von innen motiviertes – freudiges – Weitermachen einstellen. Das gilt für den Entwurf eines Hauses wie für einen Buchtext oder das Layout einer Schülerzeitung. Omnipotenzphantasien ohne Desillusionierung im planerischen Prozeß bleiben Illusionen, Luftschlösser. Diese lassen resignieren, da auf Dauer das Erbauen von Luftschlössern keine Abenteuer- und Glücksgefühle ermöglicht.

Hingegen zeigt sich »power«, wenn Schüler an Projekten arbeiten wie z.B. der Schülerzeitung mit Sitzungen die Nacht hindurch bis in den Morgen. Diese power heißt bei Ernst Bloch: docta spes – kundige Hoffnung, die auf Erfahrung gründet, etwas verändern, bewirken zu können. Wir sind diesem Gedanken schon einmal begegnet.

Bei Bloch steht illusionäres wishfull thinking, das resignativ abgedankt hat, Realität verändern zu wollen, der aufsässigen docta spes, der kundigen Hoffnung, gegenüber. Aber eben diese hat Spielerfahrung zur Voraussetzung. Entwürfe, die etwas verändern, etwas Neues bringen, d.h. innovativ sind, braucht auch die Wirtschaft unseres Landes. Nun ist aber unser Ausbildungssystem so gestaltet, daß eben das schöpferische Moment eher unterdrückt als gefördert wird. Welche Änderungen – mit welchen Folgen – dennoch möglich sind, zeigt Uli Weiß in seinem Beitrag: »Projektorientierter Unterricht«.

Die Grundstimmung im kindlichen Spiel ist heiter und ernst zugleich. Seine Ernsthaftigkeit gleicht durchaus dem möglichen Ernst in der Arbeit Erwachsener. Das Spielen unterscheidet sich jedoch von der Arbeitssituation in der weitgehend fehlenden Einwirkmächtigkeit äußerer Funktionszwänge. Es sind eben mehr Spielräume vorhanden, Phantasie und Planung, innere und äußere Realität in Übereinstimmung zu bringen.

Die spielerisch erlebte Desillusionierung läßt mehr Möglichkeiten für neue und schließlich doch noch gelingende Entwürfe zu, sofern die Kriterien für das Gelingen eigen- und nicht fremdbestimmt sind. Je mehr jedoch die Spielräume durch leistungsorientierte pädagogische Vorgaben eingeengt werden, je mehr aus dem Spielen Dressur und match werden, desto geringer ist hierfür die Chance. Hier schließt der Gedankengang wieder an das an, was weiter oben zu den Voraussetzungen des Abenteuer- und Glückserlebens gesagt wurde.

Je mehr also kindliche Spielräume zu früh durch Leistungsvorgaben eingeschränkt, d.h. in den Funktionszwängen der Arbeit angeglichen werden, desto mehr wird die Chance für die »power« einer docta spes vertan.

Andersherum kann über ein eigenbestimmtes Spielen – später auch durch schulische und außerschulische Projektarbeit – ein günstiges Verhältnis zwischen Desillusionierung und Kompetenzerweiterung gefestigt werden, das beim Entwerfen dann nicht resignieren läßt (siehe Kapitel 18).

Bei der Desillusionierung im Entwerfen handelt es sich also um einen Dauerprozeß, der am Ende der Pubertät einen neuen Höhepunkt findet, wenn es um den jeweils eigenen Lebensentwurf in der Adoleszenz geht. Die

»wilden« pubertären Omnipotenzphantasien müssen dann insbesondere mit der beruflichen Planung zusammengebracht werden.[8]

Als Ausgleich für die viele Theorie in diesem Kapitel zum Treffpunkt von Homo faber und Homo ludens nun zur Illustrierung eine weitere lebensgeschichtliche Skizze:

»Die Schwüle war wieder unerträglich … John fluchte leise vor sich hin. Warum war er nur so weit geflüchtet? Diese gottverdammte Urwaldhölle …

Er dachte an Jane und kippte den letzten Schluck lauwarmen Whiskys herunter. Auch die Frauen hier waren nicht nach seinem Geschmack …

Doch dann zuckte er wie elektrisiert zusammen. Auf der Notruffrequenz kam aus dem Lautsprecher ein monotones S-O-S. Ein Frachter im Südatlantik in Seenot. Keiner außer ihm schien den Notruf zu hören. Fieberhaft griff John in die Morsetaste …«

Als Elfjähriger las ich diese Geschichte – »TKX antwortet nicht« war wohl der Titel – als Teil eines Fortsetzungsromanes in einer »Lesemappen«-Illustrierten.

Nicht wörtlich natürlich, aber von der Machart her ist mir dieser Text eindrücklich im Gedächtnis geblieben.

Der einsame, offensichtlich in seinen gefühlshaften Bindungen gescheiterte Held, »männlich« im Umgang mit Whisky und Frauen, jedoch im Dschungel selbst bedroht – gerade auf ihn kommt es jetzt an! Mit Hilfe seiner technischen Kommunikationsmöglichkeiten gilt es, über seine Relais-Station bedrohte Menschenleben zu retten.

Omnipotenzphantasie und Planung, Entwurf nach eigenen Vorgaben

Dieses Teilstück einer Geschichte, das mir zufällig in die Hände geraten war, ließ mich Klingel- und Lichtanlage aus der abgestellten Puppenstube meiner Schwester demontieren und eine fabelhafte Morseanlage mit Lichtzeichen und Summer daraus basteln.

Zu Weihnachten wünschte ich mir einen »Detektor« mit Kopfhörern.

Da meine Eltern seinerzeit noch kein Radio besaßen, war es natürlich die Sensation, mittels eines Kristalls, eines Kondensators und einer Spule den Nordwestdeutschen Rundfunk auf der Mittelwelle aus dem Äther zu fischen.

Omnipotenzphantasie, Fertigkeiten, thrill

Der Witz war natürlich, daß alles gar nicht so einfach ging, sondern mit Fingerspitzengefühl und Geschick auf einer geeigneten Stelle des Kristalls der zum Kopfhörerkontakt führende Federdraht aufgesetzt werden mußte. Das konnte selbstverständlich nur ich.

Auch die Antenne – ein schlichter Klingeldraht – mußte sehr lang in den Garten hinein gespannt werden.

Wehe dem, der daran zog!

Und welch köstliche Autonomie, bis morgens um zwei Uhr im Dunkeln Radio zu hören. Auch wenn die Ohren von den Kopfhörern sehr oft am nächsten Morgen schmerzten, indem der Schlaf sich dann doch unversehens eingestellt hatte.

Männliche Omnipotenzphantasien, Entwurf nach eigenen Vorgaben

»Radiobasteln für Jungen« und »Elektrotechnik für Jungen« von Ingenieur Richter hießen für lange Zeit meine beiden Lieblingsbücher.

Die Titel waren damals völlig unverdächtig. Klar, das war alles nur Männersache (wenn auch ohne Whisky).

Aus Zigarrenkisten entstanden später Behelfs-Chassis für Mittelwellen-Einkreisempfänger. Die ersten krächzenden Töne, von Netzspannungsbrummen überlagert, waren aus dem Lautsprecher zu hören. Selig der Jung-Ingenieur. Die Materialien wie Trafos, Röhren, Kondensatoren und Widerstände baute ich aus alten Radios aus, die ich geschenkt bekam.

Ein altes Röhrenradio ausschlachten – welch köstliches Sinnenerleben: Der eigentümlich spannende Geruch von erhitztem Staub, wenn die hintere Abdeckplatte abgeschraubt wurde, das würzig duftende Lötkollophonium und der tropfende Lötzinn, die peinlichen Gerüche durchgebrannter Widerstände und Transformatoren.

Klar, daß unser Eßtisch nicht immer pünktlich zum Abendessen geräumt war. Die elterliche Kritik dazu fiel zumeist jedoch milde aus.

Auch daß ein verflixt-noch-einmal nicht funktionierendes Teil die Nacht bis in die morgendlichen Stunden beanspruchen konnte, wurde akzeptiert.

Mein späterer Bastlerfreund Hans-Henning war Lehrling bei der Post. Hans-Henning konnte schon richtige Kurzwellensender bauen, mit denen er sich in den Amateurfunk schwarz einmischte.

Bevor unser gemeinsamer UKW-Sender dann auch zuverlässig zu den angegebenen Zeiten funktionierte, ist Hans-Henning leider erfolgreich angepeilt worden. Die fabelhaften Apparate wurden einkassiert. Hans-Henning wurde von der Post verwarnt und mußte irgendeine soziale Tätigkeit als Buße verrichten. Als wenn Mathe- und Physiklösungen, zusammen mit Musik den Klassenkameraden per Funk durchgeben, nicht auch eine soziale Tätigkeit gewesen wären.

Desillusionierung

Selbstverständlich hatte ich bei dem Bastel- und Lesespaß in den Fächern Physik und Mathematik auch leidlich gute Noten. Selbstverständlich rüstete ich Klassenfeste mit selbstgebastelten Beleuchtungs- und Verstärkeranlagen

Transfer von Wahrnehmung und Affekten in Sprach- und Formelsymbole aus. Die ich dann auch treu bediente, dieweil die anderen tanzten.

Desillusionierung, Lebensentwurf

Natürlich (?) fanden meine Tanzstundendamen meine Erzählungen über den letzten Entwicklungsstand meiner Mischpultanlage nicht sonderlich attraktiv.

Fast selbstverständlich nahm ich dann auch ein Ingenieurstudium auf: nach dem halbjährigen Praktikum viermal die Woche morgens um acht Uhr dreihundert Männer und eine als solche in der Dunkelheit nur schwer zu identifizierende Frau auf dem Wege in den Mathehörsal. Die Kommunikation war stark reduziert, beschränkte sich im wesentlichen auf das Fach und die Mensaöffnungszeiten.

Desillusionierung

Der Professor an der Tafel sprach zu derselben: die Formeln kommentierend, dabei uns den Hintern zeigend, gleichzeitig mit der einen Hand schreibend und mit der anderen die Tafel für neue Formeln freiwischend.

Desillusionierung mit streckenweiser Resignation

Es machte dann bald ganz sacht pfft..., und irgendwann war die Luft raus. Sehr viel später hatte ich mal die Phantasie, den Professor vorne an der Tafel zu fragen, was er denn wohl ohne Geruch von Lötkollophonium, verbranntem Staub und ohne Rückkoppelungspfeifen aus dem Einkreisempfänger vorne an der Tafel so sinnlich und aufregend gefunden hätte. Denn daß dies so sein mußte, stand mir seinerzeit eigentlich recht klar vor Augen, als ich jeden Morgen den so leidenschaftlich im Gespräch mit der Tafel entrückten Herren sah.

Neuer Entwurf

Nach Umwegen über die Soziologie und Naturwissenschaften galt innerhalb des Medizinstudiums dem Fach Physiologie dann mein besonderes Interesse.

Schnell hatte ich mein Dissertationsthema: eine elektrophysiologische experimentelle Arbeit zum Verhalten der Herzmuskelzellenmembran beim Kammerflimmern und dessen Beendigung durch Elektroschocks. Da saß ich wieder mit herrlichen Omnipotenzvorstellungen bis tief in die Nacht in »meinem« großen Labor mit Meerschweinchen-Operationstisch, Mikroelektroden, Oszillographen, Aufzeichnungsapparaturen und jede Menge thrill und flow.

Desillusionierung
„docta spes“

Daß ich gelegentlich meine Oszillographen aus den studentischen Physiologie-Praktikumsräumen wieder retten mußte, störte wie andere Mißlichkeiten die Faszination und den Spaß nicht wesentlich. So mußten die

Kommilitonen, die mich zu dem neu gegründeten Arbeitskreis »Kritische Medizin-Soziologie« eingeladen hatten, obgleich es das Jahr 1968 war, leider immer wieder warten.

Omnipotenz

Erst als ein Mitarbeiter »meines« Instituts einen Suizidversuch unternahm, nachdem seine Habilitationsschrift, an der er sechs Jahre gesessen hatte, abgelehnt worden war, fing ich an, mir Gedanken darüber zu machen, ob ich die mir angebotene Assistenstelle im Institut annehmen sollte.

Desillusionierung

1 Bei meiner Patientin Wiebke dominierte in deren Geigenspiel der Homo faber.

2 Diesen Fächern ist noch am ehesten ein Freiraum zur Selbst-Entfaltung zu eigen, in dem Homo ludens und Homo faber zusammenwirken können. Gleichzeitig ist sowohl Selbstbestätigung als auch Beschämbarkeit in diesen Fächern am größten, indem z.B. ein angefertigtes Bild – das positiv wahrgenommen oder negativ abgewertet wird – noch eher das Selbst repräsentiert als eine Physikarbeit. Unbeschadet dessen gilt selbstverständlich für alle Fächer, daß eine personale Bindung im Lehrer-/Schülerverhältnis über die Identifikation mit dem Lehrer/der Lehrerin eine dann gewissermaßen intrinsische Begeisterung für jedes Fach ermöglicht. Jede Unterrichtsmethode, die ausschließlich den Stoff sieht und nicht die Beziehung zu den Schülern, muß zwangsläufig immer mehr auf extrinsische Motivation setzen. (S. hierzu auch die Anmerkung von Paul Gärtner S. 70)

3 Da bis zu einem Alter von ca. 18 Monaten das Erleben des Kleinkindes sich im unmittelbaren Handeln und Wahrnehmen vollzieht, das bis dahin noch nicht in inneren Bildern gespeichert werden kann, ist es sinnvoller, für diesen Zeitraum von Allmachtsgefühlen und nicht von Allmachtsphantasien zu sprechen. Letztere stellen sich erst mit Ende des 2. Lebensjahres ein.

4 Allerdings ist die Rückkehr dann ohne fremde Hilfe oftmals recht schwer. Hier werden auch die widerspüchlichen Tendenzen, die von den Allmachtsphantasien ausgehen können, sehr deutlich: »Ich kann und darf alles«, kann einerseits ohne ausreichenden Realitätsbezug zu kriminellen und /oder selbstbeschädigenden Verhaltensweisen führen, andererseits kann bei ausreichendem Realitätsbezug »bislang Unmögliches« möglich werden.

5 »Psychoanalyse und Unbewußtheit in der Kultur« (1988)

6 Bei den Griechen galt bis Aristoteles der Begriff techne (die Technik) noch als Inbegriff aller kreativen Fähigkeiten, also jeder Art von Können, Geschicklichkeit, Kunstfertigkeit, Technik und Kenntnis.

7 So Thomas Kuhn (1973): Die Struktur wissenschaftlicher Revolutionen, Frankfurt

8 Für den Ethnopsychoanalytiker Mario Erdheim »eröffnet die Koppelung der Größen- und Allmachtsphantasien an die Arbeit die Möglichkeit, einerseits diese Phantasien der Realität anzunähern, andererseits aber die versteinerte Realität aufzuweichen«. Aber so, wie die Arbeit bei uns gesellschaftlich organisiert sei, sei dieser Weg außerordentlich schwierig einzuschlagen. Als Möglichkeit komme er zumeist nur für privilegierte, der Allgemeinheit schwer zugänglicher Berufe in Frage wie für Wissenschaftler, Künstler, Schriftsteller. Bei diesen erscheint das Zusammengehen von Homo faber und Homo ludens, von Planung und Omnipotenzphantasien als optimal. Beide Sphären sind hier wie bei dem spielerischen Erwerb von Fähigkeiten zueinander durchlässig. Die Frage wäre, ob ein vergleichsweise günstiges Zusammengehen von Homo faber und Homo ludens auch für die anderen Berufsgruppen gefördert werden könnte, z.B. durch: 1) handlungsorientierten Unterricht und Projektarbeit auch in den naturwissenschaftlich-technischen Fächern. 2) Umgestaltung der Arbeitswelt: intrinsische Motivation auch durch mehr Sozialkontakte während der Arbeit; Identifizierung mit der Arbeit über die Identifizierung mit den Arbeitskollegen.

9.

Links meets rechts. Homo faber und Homo ludens im Licht der Hemisphärenforschung

von Jochen Hering

»Angenommen, wir müßten aus irgendeinem Grund drei Kilometer weit auf einer Autobahn gehen. Der Effekt steht außer Frage: Am Ende dieser drei Kilometer ist man müde und erschöpft. Legt man dagegen dieselbe Strecke durch einen Wald zurück, durch unwegsames Gelände, wo man sich bücken und mit seinen Augen umherschweifen muß, um nicht irgendwo anzustoßen – kurz, wo man mit allen seinen Gliedern in Anspruch genommen ist –, so fühlt man sich am Ende erfrischt und angeregt. Nicht die Inanspruchnahme des Organismus ist es also, die ermüdet, sondern gerade die Nichtinanspruchnahme, die Prozeßlosigkeit.«

Hugo Kükelhaus

Szene 1:
Ein Deutschkurs an der Volkshochschule, einwöchiger Bildungsurlaub, zweiter Tag. Ich verteile zu Beginn Gedichte von Christian Morgenstern und Lewis Caroll an die erwachsenen Teilnehmer, bitte sie, die Gedichte zu lesen und dann den Inhalt mit eigenen Worten wiederzugeben:

Gruselett
Der Flügelflagel gaustert
durchs Wiruwaruwolz
die rote Fingur plaustert
und grausig gutzt der Golz (Christian Morgenstern)

Der Zipferlak
Verdaustig wars, und glasse Wieben
Rotterten gorkicht im Gemank;
Gar elump war der Pluckerwank,
Und die gabben Schweisel frieben.

»Hab acht vorm Zipferlak, mein Kind!
Sein Maul ist beiß, sein Griff ist bohr!
Vorm Fliegelflagel sieh dich vor,
Dem mampfen Schnatterrind!« (Lewis Carroll)

Nachdem die TeilnehmerInnen die Gedichte gelesen haben – greifbares Schweigen. Unsicherheit auf den Gesichtern. Dann ablehnende und abwertende Reaktionen: Das ist ja unverständliches Zeug. Was sollen wir mit dem Kinderkram!

Diese Erfahrung habe ich nicht nur einmal gemacht. Solange der Umgang mit Sprache sachlich und formal bleibt (Wortarten bestimmen, Regeln der Groß- und Kleinschreibung besprechen u.ä.), sind alle mit Eifer bei der Sache. Sobald es aber um spielerische Phantasie geht, um Lust an Klang, Melodie und Rhythmus von Sprache, um den Zugang zur emotionalen Einfärbung der Worte, kommt es bei vielen Erwachsenen zu Blockaden. Mit solchen Texten kommen sie nicht mehr ins Gespräch.

Szene 2:

Versuchen Sie einmal, sich den folgenden kurzen Text mit zweimaligem Lesen einzuprägen und ihn dann aus dem Gedächtnis nachzusprechen.

> Zweibein saß auf Dreibein und aß Einbein. Da kam Vierbein und nahm Zweibein Einbein weg. Da nahm Zweibein Dreibein und warf damit nach Vierbein.

Wie ist es Ihnen ergangen? Konnten Sie sich den kurzen Text zu eigen machen? Ist es Ihnen schwergefallen? Haben Sie vielleicht versucht, sich die einzelnen Worte zu merken, die Abfolge der Zahlen nacheinander? Haben Sie sich gefragt, ob in der Abfolge der Zahlen vielleicht eine Regelmäßigkeit steckt? Und sind Ihnen dann die Informationen durcheinander geraten?

Szene 3:

Nehmen Sie ein Blatt Papier und Buntstifte. Schreiben Sie die Namen von zehn Farben auf. Wählen Sie die Buntstifte so, daß Wortsinn und Farbe nicht übereinstimmen (Beispiel: »rot« steht dann in »grüner« Farbe usw.). Lesen Sie jetzt zunächst die Worte, laut, flüssig und ohne Pausen.

Und benennen Sie jetzt, möglichst in der gleichen Geschwindigkeit, nacheinander die Farben der Worte.

Was stellen Sie fest? Sicherlich war es nicht schwierig, die Worte zu lesen. Dagegen kann es beim Benennen der Farben rasch zu »Verwechslungen« mit den Worten kommen. Offensichtlich fällt das Lesen der Begriffe leichter als das Benennen der Farben.

In allen drei Beispielen begegnen uns Blockaden, die mit einem mißglückten Dialog von Homo faber und Homo ludens zu tun haben. Mit Worten nicht spielen können, sich bei Aufgaben wie der »Zweibein-Geschichte« in den abstrakten Details verwirren, bei Worten und Farben durcheinander geraten, ist Ausdruck einer Welt, in der Phantasie, Farbenfreude und Spiel (des Homo ludens) zugunsten des Rationalen und abstrakt Begrifflichen (des Homo faber) zurückgedrängt worden sind – im extremen Fall sogar nicht mehr zur Sprache kommen.

Diese »innere Sprachlosigkeit« beschreibt die neuere Gehirnforschung als Unfähigkeit zum Dialog zwischen der linken und rechten Großhirnhemisphäre. Wir können uns demnach Homo faber und Homo ludens auch als eine Art Kopfarbeiter vorstellen, die uns bei der Auseinandersetzung mit der Welt (beim Denken, Lernen, Problemlösen) mit ihren unterschiedlichen Fähigkeiten zur Verfügung stehen.

Die Dualität unseres Gehirns. Ein Ausflug in die Geschichte[1]

Von oben betrachtet, ähnelt unser Großhirn einer Walnuß. Es besteht aus zwei Hälften, der linken und der rechten Hemisphäre.

Schädigungen der linken Hemisphäre können zur Aphasie führen, der Unfähigkeit, zusammenhängend zu sprechen und Gesprochenes zu verstehen. Gegenstück der Aphasie ist bei rechtsseitigen Schäden die Unfähigkeit, Gesichter und Gegenstände zu erkennen (visuelle Agnosie) sowie die Unfähigkeit, über Sprache gefühlshafte Bedeutungen und Betonungen auszudrücken und zu erkennen (Aprosodie).

Da eine Störung der sprachlichen Fähigkeiten eine auffällige, schwere Beeinträchtigung der Handlungsfähigkeit bedeutet (wohingegen z.B. die Unfähigkeit, Gefühle auszudrücken, auch *ohne* Verletzungen der rechten Gehirnhälfte verbreitet ist), machte man sich zunächst ohne weitere Prüfung die Überzeugung zu eigen, die linke Hemisphäre sei die »kluge Hälfte«, während man die rechte für eine Art »Ersatzreifen« hielt, brauchbar nur, wenn »Not am Mann« und die »richtige« Hälfte nicht einsatzbereit sei.[2]

Die Forschungen vor allem des Amerikaners Roger Sperry – dieser wurde für seine über 20jährigen Forschungen zu den unterschiedlichen Aufgabenverteilungen in den beiden Großhirnhälften im Jahre 1981 mit dem Nobelpreis für Medizin ausgezeichnet – revidierten diese Ansicht.

So haben dessen umfangreiche Forschungsarbeiten zu folgenden – etwas schematisiert dargestellten – Erkenntnissen geführt:

– Die beiden Hälften des Großhirns nehmen – in ihrem

Zusammenwirken – jeweils unterschiedliche Aufgaben wahr. In einem hochdifferenzierten System von Arbeitsteilung speichert und verarbeitet die linke Gehirnhälfte andere Daten als die rechte.

– Und linke und rechte Hemisphäre arbeiten jeweils auf eine besondere Art und Weise.

Die beiden Hemisphären unseres Großhirns

Stellen Sie sich vor, Sie betrachten ein Landschaftsgemälde. Wollen Sie dieses Bild jemandem beschreiben, der es nicht gesehen hat, so müssen Sie es in Worte übersetzen. Sie schauen sich das Bild in allen seinen Einzelheiten an. Dann beginnen Sie Schritt für Schritt mit einer geordneten Beschreibung, benennen die Hauptbestandteile des Bildes und zählen dann die Einzelheiten auf.

Genau das ist die Arbeits- und Denkweise unserer linken Gehirnhälfte. Sie nimmt die Einzelheiten wahr und plant schrittweise Operationen. Die linke Gehirnhälfte kann, dem Computer vergleichbar, Daten und Informationen methodisch, Schritt für Schritt verarbeiten und speichert diese Informationen systematisch ab. Sie geht vom Teil zum Ganzen, vom Speziellen zum Komplexen. Die linke Gehirnhälfte arbeitet nach Regeln und denkt logisch. Sie ist zuständig für Sprache, oder, um genauer zu sein, für digitale Informationen, für Zeichen aller Art, seien es Wörter, Zahlen oder mathematische Zeichen.

Dabei arbeitet sie – wie bei einer Rechenaufgabe – sequentiell, erledigt eins nach dem anderen und konzentriert sich auf jedes Detail: Buchstaben, das Erfassen der einzelnen Laute und Worte, Ereignisse nacherzählen, Beschreibungen geben, Berichte abfassen, grammatikalische Regeln anwenden, die Zeit messen, Fakten kombinieren, Schlüsse aus Fakten ziehen und einen Sachverhalt entsprechend bewerten, auf solche Aufgaben ist unsere linke Hemisphäre spezialisiert.

Die linke Gehirnhälfte ist fachlich bis ins Detail kompetent, zuverlässig und genau, allerdings immer in Gefahr, sich zu sehr im Detail zu verlieren. Der Überblick über das Ganze kann verlorengehen.

Genau dieser Überblick über das Ganze gehört zur Denkweise unserer rechten Gehirnhälfte. Wenn wir aus der Entfernung in der Menge flüchtig eine Gestalt wahrnehmen und trotzdem sofort wissen: »Ach, das ist ja …«, dann war das eine Leistung unserer rechten Hemisphäre. Sie geht ganzheitlich vor. Wenn sie ein Landschaftsbild betrachtet, hat sie einen Gesamteindruck. Sie sieht alles gleichzeitig: das Haus, die Bäume, den Weg durch die Felder, den Himmel im Hintergrund.

Der französische Neurologe Lhermitte schildert die Fallgeschichte einer Frau, die einen linksseitigen Hirnschaden erlitten hatte. Lhermitte zeigte der Frau zwei Gemälde und forderte sie auf, sie zu beschreibem. Da ihre linke Hemisphäre, also die auf die Erfassung von Einzelheiten spezialisierte Hälfte, geschädigt war, vermochte sie keine Details wahrzunehmen und zu beschreiben. Doch rief sie nach dem ersten Blick auf die zwei Gemälde aus: Sehen Sie, zwei van Goghs. Die rechte Gehirnhälfte speichert das Wissen, das sich nicht auf den Begriff (in diskursiven Symbolen) bringen läßt. Sie denkt vorwiegend in Bildern und Analogien, nimmt die Welt bildlich wahr und malt sie als innere Bilder im Kopf für uns ab (präsentative Symbole). Sie hat ein Gedächtnis für alles Erlebnishafte.

Die Denkweise der rechten Hemisphäre ist nicht formallogisch, sondern assoziativ und intuitiv. Sie hat ein »Gefühl für das Richtige«, das sich bei uns als »emotionaler Eindruck« oder auch »inneres Gefühl« oder »innere Stimme« äußert. Die rechte Hemisphäre ist experimentell, hat Spaß an paradoxen Gedankengängen und am Spiel mit der Phantasie. Daraus können sich blitzartige Eingebungen, überraschende Einfälle und Neuentdeckungen ergeben. Der Psychologe und »Kreativitätstrainer« Edward de Bono beschreibt in seinem Buch »De Bonos Denkschule«[3] spielerische Methoden für den Zugang zur Denkweise der rechten Gehirnhälfte. Eine dieser Methoden ist die der bewußten Provokation:

Nehmen wir an, eine Umweltschutzgruppe diskutiert das Problem der Flußwasserverschmutzung durch Fabriken am Flußufer. Dabei macht ein Teilnehmer die provozierende Bemerkung: Fabriken, die Abwasser einleiten, sollten unterhalb von sich selbst liegen, so daß sie, wenn sie Wasser entnehmen, mit den Konsequenzen ihres eigenen Handelns konfrontiert sind. Dieser auf den ersten Blick phantastisch anmutende Gedanke führte tatsächlich zu einem fruchtbaren Vorschlag: Fabriken sollen gesetzlich verpflichtet werden, ihre Abwässer flußaufwärts, also oberhalb der Fabrikanlage einzuleiten. Sie liegen dann im gewissen Sinne »unterhalb von sich selbst«.

Kreative Einfälle, gekoppelt an räumliches Vorstellungsvermögen und bildhaftes Denken, sind eine Fähigkeit unserer rechten Hemisphäre. Mit ihrer Phantasie bringt sie die gewohnten Vorstellungen in Bewegung. Und sie selbst bewegt sich auch gern, hat eine Vorliebe für Tanz, Musik und Gesang, hat Freude an Farben und Formen. Auch das Träumen ist eine Domäne der rechten Hemisphäre.

Die linke Gehirnhälfte bevorzugt Fachliteratur, geistig ist sie eher konservativ. Sie hat die Fähigkeit, sich sprachlich gut auszudrücken, argumentiert mit überzeugender Logik. Große Sachkenntnis bestimmt ihre Überzeugungskraft und Position. Die rechte Gehirnhälfte nimmt die ideenspendenden Funktionen wahr, denkt in Bildern, sorgt für den nötigen Überblick und ordnet allem Erlebten seinen speziellen Gefühlswert zu.

Über eine breite Nervenbahn, das Corpus callosum, sind die beiden Hemisphären wie durch eine Brücke miteinander verbunden. Diese Brücke sichert den Informationsaustausch zwischen den beiden; Faktenwissen und logisches Denken kann so mit dem kreativ-emotionalen Bereich gekoppelt werden und umgekehrt. Sehen wir uns das Ganze einmal in einem schematischen Überblick an:

Links	Rechts
Digitales Denken	Analoges Denken
Sprache, Lesen	Visuelles Denken
Organisation	Körpersprache
Logisches Denken	Rhythmus/Tanz
Mathematik	Ganzheitliche Erfahrung
Planung	Emotionen
Details	Musikalität
Analyse	Synthese
Verbale Komunikation	Gedächtnis für Personen, Sachen und Erlebnisse
Gedächtnis für Wörter und Sprachen	

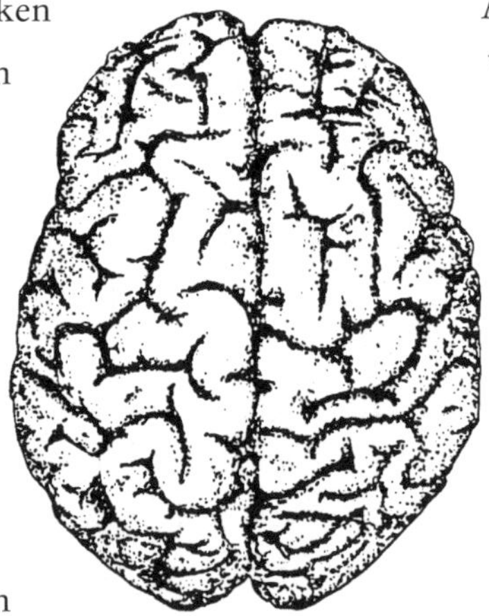

Dieser schematische und daher auch vereinfachende Überblick sollte nicht dazu verführen, die beiden Hemisphären für unabhängig voneinander arbeitende Großhirnhälften und die rechte Hemisphäre für »die bessere« zu halten. Die Hirnforscherin Jerre Levy schreibt in ihrem Aufsatz »Das Gehirn hat keine bessere Hälfte«: »Es gibt keinen Beweis dafür, daß Kreativität oder Intuition exclusive Eigenschaften der rechten Hemisphäre sind. Tatsächlich sind wahre Kreativität und Intuition ... mit großer Gewißheit von einem engen Zusammenspiel der Hemisphären abhängig.«[4] Und weiter heißt es: »... Menschen haben weder ein halbes noch zwei Gehirne, sondern ein einzigartig differenziertes Gehirn, in dem jede Hälfte mit ihren besonderen Fähigkeiten arbeitet«.[5] In dieser Zusammenarbeit kann es allerdings zu Störungen kommen. Betrachten wir aus diesem Blickwinkel heraus noch einmal unsere am Anfang dargestellten drei Szenen:

Die rechte Großhirnhälfte kann gleichzeitig eine Vielzahl von Informationen aufnehmen, verarbeiten und überblicken. Will sie sich mitteilen, schiebt sie ihre Vorstellungen und Bilder nach links. Der linken Hemisphäre bleibt es dann überlassen, dies in Worte zu fassen. Andersherum: will die linke Hemisphäre etwas verstehen, fragt sie bei der rechten Hälfte nach, ob dort bereits eine Vorstellung zu dem gesuchten Begriff vorhanden ist. Wenn ich Sie etwa frage, was eine »Ladeschale« ist, und Sie diesen Begriff nicht kennen, oder wenn Sie den komplizierten Text eines Philosophen, Hegel zum Beispiel, lesen, passiert genau das. Gibt es keine Vorstellungen zu den Begriffen, bleibt das Gelesene leer. Sie können sich von den Begriffen (und hier sehen Sie, wie genau das unsere Alltagssprache in Worte kleidet) kein »Bild machen«. Was Sie jetzt noch machen könnten, wäre stures unbegriffenes linksseitiges Pauken. Den Erfolg dieser Arbeitsweise haben Sie bei der Zweibeingeschichte kennengelernt.

Sehen Sie sich den kurzen Text jetzt noch einmal an und lassen Sie dabei Ihre Phantasie spielen, bzw. beziehen Sie die Fähigkeit des bildhaften Denkens mit ein. Was könnte sich hinter einem Zweibein, hinter einem Dreibein, einem Einbein, einem Vierbein verbergen? Machen Sie sich Bilder zu diesen Begriffen (das Vierbein könnte zum Beispiel eine Katze sein!)

Lassen Sie sich Zeit für Ihre eigenen Gedanken, bevor Sie sich eine mögliche Lösung ansehen.

> Sie, ein Zweibein, sitzen auf einem dreibeinigen Hocker, dem Dreibein und essen einen Hähnchenschenkel, das Einbein. Da kommt eine Katze, das Vierbein, und nimmt Ihnen, dem Zweibein, den Hähnchenschenkel weg. Da nehmen Sie den Hocker und werfen ihn nach der Katze.

Erinnern Sie sich noch an Christian Morgensterns Gruselett? Der Flügelflagel gaustert durchs Wiruwaruwolz, die rote Fingur plaustert, und grausig gutzt der Golz.

Mit Hilfe Ihrer linken Gehirnhälfte nehmen Sie die einzelnen Worte auf. Sie entdecken, daß das Gedicht sich an die Regeln der Grammatik hält. Sie können die Hauptworte identifizieren, den Flügelflagel, die Fingur und den Golz, ebenso wissen Sie jetzt, was passiert: Es wird gegaustert, geplaustert und gegutzt. Aber all das ergibt noch keinen Sinn. Sinn ergibt sich erst, wenn der Klang der Worte, die Ähnlichkeit zu vertrauten Wortgebilden, Vorstellungen in Ihnen weckt. Diesen Vorgang nennt man assoziieren. Vielleicht entsteht so das Bild eines Waldes, in dem merkwürdige Geschöpfe ihr Unwesen treiben. Und vielleicht haben Sie auch Ihr Vergnügen an diesem Spiel mit der Sprache. Und genau dies sind wieder die Fähigkeiten, die ihre rechte Gehirnhälfte einbringt: das bildhafte Denken, Phantasie und die Freude an Klang, Rhythmus und Reim. Ohne all das bleibt das Gedicht leer und nichtssagend. Sie verstehen es nicht.

Unser drittes Beispiel, bei dem während des Lesens häufig statt der Farben doch wieder Begriffe genannt werden, gibt uns einen deutlichen Hinweis darauf, wo bei den meisten von uns das Problem bei der Zusammenarbeit von links und rechts liegt. Für das sinnerfassende Lesen, die Entnahme von Informationen, ist unsere linke Hemisphäre zuständig, für Farben unsere rechte. Die einzelnen Worte vorzulesen, vorrangig eine Leistung der linken Hemisphäre, stellt kein Problem dar, was damit zusammenhängt, daß wir alle eher »links geeicht« sind (wir werden darauf noch zu sprechen kommen). Anders ist es beim Wiedergeben der Farben. Hier wird unsere rechte Großhirnhälfte angesprochen. Und jetzt geraten sozusagen linke und rechte Hemisphäre in Widerspruch. Die rechte wollen wir benutzen, die linke will sich – das ist sie gewohnt – durchsetzen und meldet sich – vorlaut – auch ungefragt zu Wort. So geraten wir leicht immer wieder nach links.[6] Das ist, wie die beiden anderen Beispiele, ein Hinweis darauf, daß ein gleichberechtigter »innerer Dialog« zwischen den Hemisphären nicht funktioniert, statt dessen die linke Hälfte mit ihren Fähigkeiten dominant im Vordergrund steht. Für diese Dominanz gibt es Ursachen. Schule ist eine davon.

Links und rechts in der Schule – die Katastrophe der schulischen Praxis

Nehmen wir ein beliebiges Schulbuch. Meist wimmelt es dort von abstrakten Begriffen und Zusammenhängen. Der folgende Text beispielsweise stammt aus einem Erdkundeschulbuch für das 9. Schuljahr:

»Der Braunkohlen-Tagebau ist ein scharfer Eingriff in die Landschaft. Ein Beispiel dafür ist das Lausitzer-Braunkohlenrevier, in dem seit etwa 150 Jahren Bergbau betrieben wird. Der Abbau der Braunkohle führte zur großflächigen Umgestaltung der Landschaft. Äcker, Wiesen und Wälder wurden zerstört, auch das Leben der Menschen wurde dadurch stark verändert.«

Wie müssen wir uns einen »scharfen Eingriff in Landschaften« vorstellen? Wie genau hat sich das »Leben der Menschen verändert«? Der Text liefert uns keine Bilder und anschaulichen Vorstellungen.

Und unsere Schulbücher sind voll von solchen »Zweibeingeschichten«. Auch Sie selbst sind daran gewöhnt worden, beim Lernen hauptsächlich nur mit einer, der linken Gehirnhälfte zu arbeiten. In den meisten Fällen haben Sie einfach gepaukt, was bedeutet: Sie versuchen, sich etwas einzuprägen, zu dem Sie gar keinen anschaulichen, verstehenden Zugang gefunden haben.

Ich habe vor kurzem das Geschichtsbuch meiner 13jährigen Tochter an einer beliebigen Stelle aufgeschlagen. Ich möchte Ihnen den Text nicht vorenthalten.

Im zweiten Absatz nach der Überschrift »Der Aufstieg zur Großmacht« heißt es:

»Etwa 20 Jahre danach brach erneut ein Krieg aus, diesmal gegen Spanien, wo die Karthager (Punier) immer mehr

Gebiete besetzten, was die Römer nicht wollten (2. Punischer Krieg). Der Feldherr Hannibal führte jetzt ein starkes Heer aus Spanien durch Südfrankreich und über die Alpen nach Oberitalien und schlug zwei römische Heere, obwohl er ein Drittel seiner Krieger unterwegs verloren hatte.«

Im naturwissenschaftlichen Bereich ist das nicht besser. Frederic Vester zitiert in seinem Standardwerk »Denken, Lernen, Vergessen« aus einem Buch der Mittelstufe über Infinitesimalrechnung. Als Verfasser des Textes werden genannt: ein Ministerialrat, zwei Oberstudiendirektoren, fünf Studiendirektoren und vier Gymnasialprofessoren. Und nun der Text:

»Eine Zahlenfolge ist eine Nullfolge, wenn sich zu jeder noch so kleinen positiven Zahl eine natürliche Zahl n so bestimmen läßt, daß alle Glieder der Folge mit einer Platzziffer v größer als n ihrem Betrage nach kleiner als sind.«[7]

Der Inhalt unseres hübschen Satzes von der Nullfolge hätte durchaus einfacher wiedergegeben werden können, zum Beispiel: »Eine Folge von Zahlen geht dann auf Null zu, wenn – ganz abgesehen vom Vorzeichen – jede Zahl kleiner als die vorhergehende ist«.[8] Natürlich ist diese Formulierung unvollkommen. Aber sie läßt das Wesentliche des Prinzips erkennen, und auch beim später notwendigen Abstrahieren bleibt der Rückzug zum Phänomen offen.

Und führen wir uns schließlich noch die Haupttätigkeiten in der Schule vor Augen. Was hat Schule zum Inhalt? Was passiert in der Schule?

Schule hat vor allem zum Inhalt:

– das Einüben und Verbessern verbaler (Sprechen, Lesen, Schreiben), rechnerischer, analysierender, abstrahierender, kategorisierender, beurteilender, zeitorganisierender Fähign oder Techniken. Schule fördert das logische Denken, das Begründen, das Verwenden von Zeichen, das Lernen von und Arbeiten mit Begriffsdefinitionen, Zahlen, Daten, Fakten.

Schule hat weniger zum Inhalt:

– assoziative Prozesse (brainstorming), unbewußte Prozesse (Träume und Traumreisen), plötzliche Einfälle, Bilder und Visionen, synthetisches, ganzheitliches Denken, die Intuition für das Richtige, Wissen, das sich nicht vollständig auf den Begriff bringen läßt, das Erkennen von größeren Zusammenhängen und der Einblick in tiefere Zusammenhänge, das Erkennen und Verstehen von Ähnlichkeiten, Denken in Analogien, Metaphern und Symbolen, räumliches Sehen, visuelles Denken und Erinnern, Gestalt erfassen.

Haupttätigkeiten in der Schule sind Rechnen, Lesen, Schreiben, Analyse von Textaufgaben (Mathematik), Analyse von Texten (Inhalt und Form), Analyse von Sätzen (Grammatik), Wiedergabe der (abstrakten) Informationen von Texten, Analyse von »Bauformen« (Aufbau eines Gedichtes oder Dramas, z.B.), Auswendiglernen von isolierten Einzel-Informationen (Vokabeln, Fachwörter, Daten, Fakten, Formeln). Es ist offensichtlich: Die linke Großhirnhälfte wird in der Schule nicht nur bevorzugt, Schule ist »linke Großhirnhälfte«.

Kleine Kinder benutzen beim Lernen und Denken – wenn sie nicht daran gehindert werden – in hohem Maße ihr Rechtshirn. Sie begreifen, indem sie greifen, tasten, riechen, schmecken. Sie erkunden die Welt mit ihrem Körper, bewegen sich gern und ausgiebig. Sie malen gern und betrachten gern Bilderbücher. Ihr visuelles Gedächtnis ist enorm, was jeder bestätigen kann, der einmal mit einer Vierjährigen Memory gespielt hat. Ihre Phantasie ist oftmals noch ungebändigt.

Unter der Hand wird aus den Stühlen im Wohnzimmer eine Höhle, aus dem Korken ein Segelschiff.

Natürlich denken sie auch schon in Regeln und Gesetzmäßigkeiten. Das wird deutlich beim Spracherwerb, wenn sie Sprachmuster übertragen und generalisieren: Ich bin so hoch gespringt! Ich will mein Zimmer besen, u.ä.

Mit dem Schuleintritt geht es ans Buchstabieren, Lesen, Rechnen, ans Stillsitzen, Zuhören. Die Entwicklung linksliegender Gehirnfunktionen wird nun gefördert.

Bedauerlicherweise werden in der Folgezeit die Fähigkeiten der rechten Gehirnhälfte zunehmend weniger genutzt. Mogens Kirckhoff, Personaldirektor einer schwedischen Bank und Autor des Buches »Mind Mapping, Einführung in eine kreative Arbeitsmethode«, schreibt dazu: »Die Erziehung während der Schul- und Ausbildungszeit fördert vorwiegend die Entwicklung des Linkshirns. Wer in diesen Jahren ganz den Einflüssen der Schule unterliegt, ohne sich zu wehren, wird als Erwachsener wahrscheinlich unter einer Unterentwicklung des Rechtshirns oder einer Dominanz des Linkshirns leiden.«[9]

Dadurch, daß ständig nur die verbal geprägten Denkmethoden der linken Hemisphäre ermutigt und gefördert werden, wird die rechte Hälfte zunehmend inaktiver, verstummt möglicherweise ganz unter der ständigen Dominanz der linken. Sie verhungert. Das erzeugt Unlustgefühle, untergräbt das Selbstwertgefühl, löst Streß aus. Es ist ja nicht so, daß sich die rechte Hemisphäre widerspruchslos »unterdrücken» läßt. Aber vom Unterricht ausgesperrt, muß sie sozusagen ihre eigenen Wege gehen, flüchtet sich vielleicht in Tagträume, bemalt das Schulbuch, rutscht unruhig auf dem Stuhl hin und her, experimentiert mit Lineal, Tischkante und Radiergummiteilen als »Fernwaffe«.

Der Jurist und Pädagoge Gerhard Huhn kommt in seinem Buch »Kreativität und Schule. Risiken derzeitiger Lehrpläne für die freie Entfaltung der Kinder« zu einem für die Schule vernichtenden Urteil. Er wirft der Schule mit ihrer »linkshirnigen Einseitigkeit«, ihrer Verabsolutierung abstrakten Denkens einen unzulässigen Eingriff in die inneren Vorgänge der Persönlichkeitsentfaltung vor. Diese habe auch Konsequenzen zum Beispiel für die spätere Fähigkeit, spielerisch und kreativ an Probleme heranzugehen.[10]

Schon Friedrich Schiller beschreibt in seinem sechsten Brief zur ästhetischen Erziehung die fatalen Auswirkungen eines Übergewichts des Rationalen: »Nun muß aber das Übergewicht des analytischen Vermögens die Phantasie notwendig ihrer Kraft und ihres Feuers berauben und eine eingeschränkte Sphäre von Objekten ihren Reichtum vermindern ... Der Geschäftsmann hat gar oft ein enges Herz, weil seine Einbildungskraft, in den einförmigen Kreis seines Berufes eingeschlossen, sich zu fremder Vorstellungsart nicht erweitern kann«.

Sind unsere Schulen »Schulen für Engherzige und Geschäftsmänner«?

Der Psychoanalytiker Arno Gruen weist auf Zusammenhänge zwischen überbetont abstrakt begrifflicher Denkweise und destruktiver Gewaltneigung hin:

»Wenn unsere echten Gefühle und unsere Kreativität nicht gefordert werden, so sterben sie allmählich ab, und wir verarmen. Die Leere, die auf diese Weise in uns entsteht, macht uns wütend, um so mehr, als das Unbehagen, das dadurch ausgelöst wird, uns bedroht. Unser Potential für Destruktivität nimmt zu.«[11]

Bei all dem geht es nicht darum, die linke Gehirnhälfte abzuwerten, das Logischrationale durch das Intuitive zu ersetzen. Es geht vielmehr darum, beiden Anteilen unserer Persönlichkeit Geltung zu verschaffen.

Die Zielvorstellung: Der Innere Dialog Partnerschaftlichkeit, Wahlmöglichkeiten, das »innere Gespräch«

Es gibt Aufgaben, bei deren Meisterung die Fähigkeiten einer unserer Hemisphären im Vordergrund stehen. Zeitweilige Einseitigkeit beeinträchtigt uns in diesem Fall nicht. Beim Addieren langer Zahlenkolonnen zum Beispiel ist die linke Hemisphäre völlig ausreichend, bei der farblich abgestimmten Zusammenstellung unserer Garderobe die rechte. In vielen Fällen scheitert Lernen aber, wenn nicht beide Gehirnhälften ihre speziellen Fähigkeiten einbringen. Sobald es sich um komplexe Aufgabenstellungen handelt, sind wir auf Beidseitigkeit, auf Lateralität, d.h. die Zusammenarbeit beider Hemisphären angewiesen.

Ohne diesen »inneren Dialog« bleiben die Aufgaben, die wir meistern wollen, auf der Strecke.

In einem Brief an Körner, der sich bei ihm über seine »dichterische Unfruchtbarkeit« beklagt hatte, schreibt Schiller:

»Der Grund deiner Klage liegt, wie mir scheint, in dem Zwange, den dein Verstand deiner Imagination auferlegt.

Es scheint nicht gut, und dem Schöpfungswerke der Seele auch nachteilig zu sein, wenn der Verstand die zuströmenden Ideen, gleichsam an den Toren schon, zu scharf mustert.

Eine Idee kann, isoliert betrachtet, sehr unbeträchtlich und sehr abenteuerlich sein; aber vielleicht wird sie durch eine Idee, die in einer gewissen Verbindung mit anderen, die vielleicht ebenso abgeschmackt scheinen, ein sehr zweckmäßiges Glied abgeben: Alles das kann der Verstand nicht beurteilen, wenn er sie nicht solange festhält, bis er sie in Verbindung mit diesen anderen angeschaut hat.

Bei einem schöpferischen Kopfe hingegen, deucht mir, hat der Verstand seine Wache von den Toren zurückgezogen, die Ideen stürzen Hals über Kopf herein und alsdann übersieht und mustert er den großen Haufen.

Deine Klagen über Unfruchtbarkeit entstehen, wenn du zu früh und zu strenge sondierst.«[12]

Was hier Schiller seinem Freund, dem Literaturkritiker Christian Gottfried Körner, vorschlägt, ist eine Art brainstorming (s. Kap. 18). Hier kommen beide Großhirnhälften zur Sprache, bzw. läßt die linke die rechte sich artikulieren und unterdrückt sie nicht.

Bei schöpferischen Prozessen ist im Zusammenspiel der beiden Hirnhemisphären die Rolle der rechten Hälfte entscheidend, da in ihr »das Neue« Gestalt annimmt. Davor und danach allerdings bedarf es der Mitarbeit linkshemisphärischer Prozesse.[13]

Ideal wäre es, wenn unsere beiden Großhirnhemisphären in einem inneren Dialog untereinander zu regeln wüßten, wann sie jeweils zu Worte (oder zum Handeln) kommen sollten. Für sich selbst kriegte es Christian Gottfried Körner offensichtlich nicht so gut geregelt, seine »dichterische Unfruchtbarkeit« zu überwinden, d.h. seine rechte Hemisphäre zu Worte kommen zu lassen. Aber immerhin gelang dies seinem Sohn, dem Dichter Theodor Körner, der – mit den Worten Schillers – den Verstand seine Wachen vor den Toren zurückziehen und die Ideen Hals über Kopf hereinstürzen ließ, um anschließend diese zu übersehen und zu mustern.

Vielleicht, so könnte man spekulieren, hatte Vater Körner – durch Schiller angeregt – seinem Sohn Theodor gegenüber etwas ermöglicht, was ihm selbst nicht zugänglich war: Freiräume für die Begegnung zwischen Homo ludens und Homo faber im Spielen.

1 Vgl. Z.. Gabriele L. Rico, (1989): Garantiert schreiben lernen, Hamburg. Daraus das Kapitel »Begriff und Bild – die Wörter und das Gehirn«.

2 Lesenswert hierzu auch Oliver Sacks: »Der Mann, der seine Frau mit einem Hut verwechselte« (Reinbek 1990)

3 Edward de Bono, (1990): Edward de Bonos Denkschule, München, S. 83 ff.

4 Entnommen aus: Mogens Kirckhoff, (1992): Mind mapping. Einführung in eine kreative Arbeitsmethode, Bremen, S. 104

5 Jerre Levy, (1987): Das Gehirn hat keine bessere Hälfte, aus: Wenn du denkst. Thema Intelligenz, hrsg. von der Redaktion »Psychologie heute«, Weinheim , S. 51

6 Wir können dieses Problem lösen, indem wir nach links abschalten, das Wahrnehmungsfeld verschwimmen lassen, also keine »verbalen« Informationen mehr aufnehmen. Jetzt sind nur noch die Farben dominant!

7 Frederic Vester, (1984): Denken, Lernen, Vergessen, München, S. 120

8 Ebd. 121

9 Mogens Kirckhoff, a.a.O., S. 105

10 Vgl. Gerhard Huhn, (1990): »Kreativität und Schule. Risiken derzeitiger Lehrpläne für die freie Entfaltung der Kinder«, Berlin.

11 Zit. nach Gerhard Huhn, a.a.O., S. 63

12 Schillers Brief an Körner, zit. nach Telse Schnelle-Cölln, (1988): Optische Rhetorik für Vortrag und Präsentation, Quickborn, S. 10

13 Innerhalb der Kreativitätsforschung (vergl. hierzu Gerhard Huhn, a.a.O., S. 55ff.) werden vier Stadien des kreativen Prozesses unterschieden:
1. Vorbereitete Informationssammlung und Vorstellung vcn dem Gesuchten
2. Inkubationszeit
3. Einsicht, Ideenblitz, Erleuchtung
4. Verwirklichung, Verifikation.

Der erste Schritt ist eine Leistung der linken und rechten (denken wir an brain storming) Gehirnhälfte, Schritt 4 hauptsächlich eine Leistung der linken, die Schritte 2 und 3 sind Leistungen der rechten Hemisphäre.

10.
Schöne ferne Welt

»›Guten Tag‹, sagte der kleine Prinz.
›GutenTag‹, sagte der Weichensteller.
›Was machst du da?‹ sagte der kleine Prinz.
›Ich sortiere die Reisenden nach Tausenderpaketen‹,
sagte der Weichensteller. ›Ich schicke die Züge, die sie fortbringen,
bald nach rechts, bald nach links.‹
Und ein lichterfunkelnder Schnellzug, grollend wie der Donner,
machte das Weichenstellerhäuschen erzittern.
›Sie haben es sehr eilig‹, sagte der kleine Prinz. ›Wohin wollen sie?‹
›Der Mann von der Lokomotive weiß es selbst nicht‹, sagte der
Weichensteller. Und ein zweiter blitzender Schnellzug donnerte
vorbei, in entgegengesetzter Richtung.
›Sie kommen schon zurück?‹ fragte der kleine Prinz …
›Das sind nicht die gleichen‹, sagte der Weichensteller. ›Das wechselt.‹ ›Waren sie nicht zufrieden dort, wo sie waren?‹
›Man ist nie zufrieden dort, wo man ist‹, sagte der Weichensteller.
Und es rollte der Donner eines dritten funkelnden Schnellzuges
vorbei. ›Verfolgen diese die ersten Reisenden?‹
fragte der kleine Prinz.
›Sie verfolgen gar nichts‹, sagte der Weichensteller.
›Sie schlafen da drinnen, oder sie gähnen auch. Nur die Kinder
drücken ihre Nasen gegen die Fensterscheiben.‹
›Nur die Kinder wissen, wohin sie wollen‹, sagte der kleine Prinz.
›Sie wenden ihre Zeit an eine Puppe aus Stoff-Fetzen, und die Puppe wird ihnen sehr wertvoll, und wenn man sie ihnen wegnimmt,
weinen sie …‹ ›Sie haben es gut‹, sagte der Weichensteller.«

Antoine de Saint-Exupery

Die Nase überall hineinstecken, spielerisch die Welt erkunden können – auch die Entdeckerlust fordert und fördert Fertigkeiten und Techniken jeglicher Art (skills).

In ein altes Radio, das noch quietscht und brummt, nach Abnehmen der Rückwand die Nase hineinstecken, war eine ausgesprochen lustvolle Angelegenheit. Gefährlich war es auch und geheimnisumwittert – zumindest für die anderen. »Junge, paß auf, hol dir keinen elektrischen Schlag!« Selbstverständlich gab's den (immer wieder). Und: »Daß du da so durchsteigst ...«

Das »Durchsteigen« gelang jedoch erst allmählich. Zunächst wurde ausprobiert, wie und was noch funktioniert. Anfangs auch ziemlich brüsk: Knallende Kondensatorentladungen des Netzteiles, sprühende Funken am 380-Volt-Ausgang des Trafos. Aus dem Nebenzimmer Telefon-Mikrofon per Klingeldraht zum Niederfrequenz-Verstärker des Radios. Verblüffte Gesichter in der Familie, wenn wohlbekannte Sprüche plötzlich aus dem harmlos dastehenden Radio tönten, meist mit sirenenartigem Rückkoppelungsgejaule verbunden.

Auch das Auseinandernehmen, das »Ausschlachten« war eine Freude. Welche Röhren steckten im Kasten, waren noch funktionsfähig, konnten »verschachert« oder getauscht werden? Welche Späße konnte man mit dem Lautsprechermagneten machen oder mit einem absichtlich überbelasteten und dann stinkend durchschmelzenden Widerstand! Oder einmal 220 Volt Netzspannung auf einen mehr oder minder robusten Lautsprecher geben. Der brüllte dann mit 50 Hertz, daß die Bude wackelte. Bis er röchelnd verschied oder die Nachbarn Wand an Wand sich ängstlich erkundigten, was denn nun schon wieder los sei. Gelegentlich mußte auch mal die Sicherung rausfliegen. Na klar.

Dann saßen alle winterabends zunächst mal im Dunkeln. Was Ärger bedeuten konnte.

Meistens war das Ganze aber eher ein Spaß und die Resonanz wohlwollend. Über diesen Spaß ergab sich immer häufiger die Frage: Was ist eigentlich kaputt, kannst du dieses oder jenes defekte Teil aus deinem eigenen Vorrat ersetzen, kriegst du die Kiste wieder in Gang? Und das klappte dann auch. Und der Nimbus wuchs. Na ja, wenigstens auf diesem Sektor.

Mit dem Explorationstrieb, aus dem spielerischen Erkunden heraus entfalten sich sowohl technische Fertigkeiten als auch – wie eben geschildert – Interesse an apparativer Technik. Letzteres gilt zumindest für den männlichen Homo faber.[1]

Mit dem Explorationstrieb ist also durchaus noch ein zweites Motiv erkennbar, das den kindlichen, bzw. jugendlichen Homo ludens gleichzeitig auch als Homo faber aktiviert.

Als erstes Motiv für eine solche Aktivierung haben wir bereits das Bedürfnis kennengelernt, vermöge der eigenen Fertigkeiten und Techniken die Sicherheit und das Geborgenheitsempfinden in der ursprünglichen harmonischen Verschränkung zurückzugewinnen. Heimweh (nach der Geborgenheitsstimmung) einerseits und Fernweh (die Welt erkunden wollen) andererseits bewirken spielerisch also dasselbe: Einübung von Fertigkeiten und Techniken.

Mit der Welterkundung im kindlichen Spielen entfalten sich nun gleichzeitig auch die menschlichen Sinne. Sowohl der »Fern-Sinn« mit Sehen und Hören als auch der »Nähe-Sinn« mit z.B. Tasten, Schmecken, Kälte- und Wärmeempfindung sowie die Wahrnehmung der eigenen Muskelaktivität gehören dazu.

Bis ein Kleinkind einen Spielklotz kennengelernt hat, hat es diesen viele Male gelutscht, gebissen, betastet, auf den Tisch gehauen, weggeworfen, mit anderen Klötzen zusammengestellt, umstürzen lassen und vieles mehr.

Gelingende Erkundung der kindlichen Welt meint Gleichwertigkeit und Gleichzeitigkeit von Fern- und Nähesinn. Und nur über solch eine Sinneserprobung und -erfahrung können auch die inneren Bilder und Sprachsymbole für eine lebendige, kraftvolle Sprache und Phantasie mit »Sinnes-power« aufgeladen werden.

Von der veränderten Kraft, die von einer Sinnesaktivierung ausgeht, weiß man seit kurzem auch über eine andere Seite menschlicher Wahrnehmungsmöglichkeiten: tief bewußtlose, scheinbar nicht ansprechbare Patienten, die z.B. durch einen Unfall eine schwere Schädigung des Gehirns erlitten haben, können eher aus dieser tiefen Bewußtlosigkeit erwachen, wenn behutsam der Nähe-Sinn sowie der Hör-Sinn durch Berührung, Füttern, leise Ansprache und Ansingen oder auch das bloße Wahrnehmen des Atmens und des Geruchs von Angehörigen aktiviert werden.[2]

Nun bedeuten die gegenwärtigen elektronischen Medien (Funktechnik inklusive) eine ungeheure Erweiterung des Fernsinnes, wodurch Mythen und Märchen aus Jahrtausenden Wirklichkeit werden: in einem Augenblick die ganze Welt durcheilen, zu jedem Zeitpunkt mit jedem Ort der Welt Kontakt aufnehmen können, Gegenwart und Vergangenheit gleichzeitig (auf dem Bildschirm) erscheinen lassen …

Das Paradoxe dabei:

Obgleich wir die *äußere* Welt über unseren erweiterten Fernsinn erkunden, geschieht dies nach der Art und Weise unseres *inneren* Phantasierens und Traumerlebens. Die Gesetze von Zeit und Raum scheinen keine Rolle zu spielen. Alles ist gleichzeitig möglich.

Selbstverständlich sind für ein spielerisch die Welt erkundendes Kind elektronische Medien faszinierend: Bewegung, sekundenschnell wie in der Phantasie ohne Stolpern und Stürzen und ohne leibhaftigen Desillusionierungsschmerz! Mit der Befriedigung des Fernwehs wird also gleichzeitig auch das Heimweh (nach der Geborgenheitsstimmung in der harmonischen Verschränkung) bedient.

Erfährt allerdings der kindliche Homo faber Welt vorwiegend nur über den erweiterten Fernsinn, bleiben sein Interesse sowie seine Fertigkeiten und Techniken, die Welt eigenständig, bzw. eigenbeweglich zu erkunden aufgrund der vernachlässigten anderen Sinneserfahrungen unterentwickelt. Was konkret bedeutet, daß ein früher und ausgiebiger Konsum elektronischer Medien auch später gar keine andere Welterfahrung mehr zuläßt als in einer sofort verfügbaren, jedoch sinnenverarmten Wirklichkeit. Dazu gehören Fernsehen, Computer einschließlich »mail-box« und »Reisen hinter der Fensterscheibe«, bei denen die Bewegung selbst ohne Muskelbetätigung als Ziel erscheint.

Dazu gehört auch der Produkt- und Erlebniskonsum. Beide ergeben sich als Ideal und Auftrag aus der elektronischen Medienwelt. Beide befriedigen zunächst das aus der mangelhaften Sinneserfahrung sich ergebende Defizit: Sich im Konsum- und action-Erleben endlich spüren können, wenn dies über den Nähe- und Muskelsinn nicht möglich ist!

Kinder können diesem Mangel an Sinnes-Selbsterfahrung aber spontan noch anderweitig abhelfen. Ein unbefriedigter Sinneshunger läßt sie dann zappeln und hyperaktiv werden, daß die Erwachsenen ihre »Freude« daran haben. »Ich zappele, also spüre ich mich, also bin ich«, erscheint als Lebensmotto dieser Kinder.

Doch verweisen diese »Unarten« lediglich auf ein Defizit an Sinneserfahrung einschießlich Sensomotorik. Und es ist dann ganz erstaunlich, wie erträglich diese Zappelphillipe werden, wenn im therapeutischen oder pädagogischen Raum der Sinnenhunger durch geeignete Aktivitäten befriedigt wird.[3]

Der technisch erweiterte Fernsinn birgt aber auch ein positives Moment in sich. Oskar Negt, Philosoph und Gesellschaftswissenschaftler, spricht von der »Chance der Organerweiterung durch die Medien«. So seien »die elektronischen Medien in der Lage, die Organe und Sinne des Menschen zu erweitern«. Aber nicht mit einer prophetischen Sehergabe, sondern im Hinblick auf ein sinnliches Urteilsvermögen für die Ferne: Was geschieht mit den Greenpeace-Aktivisten auf der Ölplattform? Was geschieht mit dem kleinen Kind, das nach Ausrufung des Waffenstillstandes in ein Bürgerkriegsland ohne Eltern abgeschoben werden soll? Die Chancen, nicht nur den Nächsten, sondern auch den Fernsten zu verstehen, werden eben durch diesen Fern-Sinn verbessert. Sensus communis, Gemeinsinn, auch über den eigenen Tellerrand, die Grenzen des eigenen Landes hinaus!

Der erweiterte Fernsinn ermöglicht zugleich staatsbürgerliche Aufsässigkeit. Greenpeace-Protestaktionen wie im Sommer 1995 um die Ölplattform Brent Spar oder die Aktionen der Opposition in Belgrad im Winter 96/97 wären ohne den erweiterten Fernsinn undenkbar.

Auch die utopische Hoffnung, der auf die Zukunft gerichtete Gestaltungswille, das Nicht-Resignieren angesichts gegebener gesellschaftlicher, politischer und ökologischer

Verhältnisse sind heute auf einen erweiterten Fernsinn angewiesen. Der erweiterte Fernsinn bedarf jedoch insbesondere im Kindes- und Jugendalter der ständigen Ergänzung durch den Nähesinn. Allerdings ist dies, wie eben skizziert, immer weniger gegeben.

Die elektronischen Medien erzeugen eine zweite Wirklichkeit, die die primäre, über die lebendigen Sinne erfahrene Wirklichkeit immer mehr überlagert. Die inneren Bilder und die Sprachsymbole werden nicht mit »Sinnes-power« aufgeladen. Oskar Negt befürchtet, unbeschadet der positiven Möglichkeiten eines erweiterten Fernsinnes, einen »drohenden Erfahrungs- und Erinnerungsverlust der Menschen in der alltäglichen Dimension ihres Lebens«.

Über den Verlust des Nähesinnes geht mir buchstäblich nichts mehr nahe – und der Fernsinn nützt mir auch nichts mehr.

Das kann ganz konkrete Folgen haben, wie das Verhalten vieler Autofahrer im dichten Nebel oder plötzlich einsetzenden Eisregen zeigt. Wirklichkeit mit ihren Gefahren wird in dem stoßdämpfergepufferten High-tech-Raum des Autos zusätzlich vermindert wahrgenommen. Und die Verbindung von Omnipotenzphantasien und doppeltem Wirklichkeitsverlust führt dann schnell zu Kastrophen.

In einem Gespräch des Autors mit Werner Damm – Lehrstuhlinhaber für das Fach Informatik an der Universität Oldenburg – im Juni 1996 äußerte sich dieser ausgesprochen skeptisch zu dem optimistisch gehaltenen Bericht des Technologierates zum Thema »Informationsgesellschaft«.[4] So werde der Anschluß der Schulen an das Internet – den der von der Bundesregierung eingesetzte Technologierat fordert – die Linkshirnigkeit der Schüler nur noch weiter betonen und deren Persönlichkeit noch weiter deformieren. Einen Sinn könne dieses kostspielige Unternehmen also nur machen, wenn gleichzeitig auch etwas für den Homo ludens an den Schulen geschehe.

Ohne den Homo ludens droht uns demnach statt der Informationsgesellschaft eine Deformationsgesellschaft.

Homo ludens bedarf aber der primären sinnlichen Erfahrung: Eine Puppe aus Stoffetzen für die Kinder als eindrückliche, sinnliche Erfahrung und als Symbol gegen Erinnerungs-und Näheverlust kann da hilfreich sein. »Gleich jungen Hunden durch unser Kinderleben schnuppern und schnüffeln und Seligkeiten entdecken«, schreibt Astrid Lindgren hierzu treffend.

Ohne eine solche sinnliche Erfahrung stirbt der Homo ludens. Homo faber wird einsam. Das Fernweh, das ihn in Bewegung hält, läßt ihn dann bald selbst zum Teil des Zuges oder des Autos, des Flugzeuges, des Internets werden... Und er entdeckt dann nichts mehr, an das er sich erinnern könnte, obgleich er nahezu pausenlos in Bewegung ist. Aber ohne Erinnerung bin ich leer. Also setze ich mich wieder in Bewegung ...

1 Weiteres hierzu siehe im Beitrag von Renate Kosuch: Ist der Homo faber eine typisch männliche Gestalt?

2 Siehe hierzu auch das Kapitel »Ausbruch aus der Maschinenwelt« in Schiffer, E. (1994): Warum Hieronymus B. keine Hexe verbrannte.

3 S. a. Schiffer, E. (1993): Warum Huckleberry Finn nicht süchtig wurde.

4 Siehe auch Jürgen Mittelstrass im 1. Bericht des Wissenschaftsrates zumThema »Informationsgesellschaft«: Information macht dem Wissen und der Gesellschaft Beine. Die moderne Gesellschaft befindet sich inmitten einer dritten technologischen Revolution, die in Form neuer Informations- und Kommunikationstechnologien alle Bereiche, vor allem Wissenschaft, Wirtschaft und Politik, aber auch den sozialen und kommunikativen Lebensbereich des Menschen schlechthin erfaßt. Der gesellschaftliche und wirtschaftliche Wettbewerb nimmt neue Formen an. Wer hier bestehen will, muß sich etwas einfallen lassen...«

11.

HÖHER, SCHNELLER, WEITER (ABER WOHIN?)

»›Guten Tag‹, sagte der kleine Prinz.
›Guten Tag‹, sagte der Händler.
Er handelte mit höchst wirksamen, durststillenden Pillen. Man schluckt jede Woche eine und spürt überhaupt kein Bedürfnis mehr zu trinken.
›Warum verkaufst du das?‹ sagte der kleine Prinz.
›Das ist eine große Zeitersparnis‹, sagte der Händler. ›Die Sachverständigen haben Berechnungen angestellt. Man erspart dreiundfünfzig Minuten in der Woche.‹
›Und was macht man mit diesen dreiundfünfzig Minuten?‹ ›Man macht damit, was man will ...‹
›Wenn ich dreiundfünfzig Minuten übrig hätte‹, sagte der kleine Prinz, ›würde ich ganz gemächlich zu einem Brunnen laufen ...‹«

ANTOINE DE SAINT-EXUPERY

Warum ist die Puppe aus Stoff-Fetzen so wichtig? Wie wir gesehen haben, ist sie zunächst für den Nähe-Sinn bedeutsam: drücken, streicheln, beißen, schlagen, schmusen, zerren, lutschen, alles das läßt die Puppe zu (wehe, wenn Mutter auf den Gedanken kommen sollte, die Puppe zu waschen und sie dadurch ihre persönliche Einfärbung, ihren Geruch und Geschmack verlieren sollte). Mal ist die Puppe das Kind selbst, mal ein liebevolles – oder auch böses – Gegenüber. Manchmal auch so etwas dazwischen. Donald Winnicott spricht in diesem Zusammenhang vom Übergangsobjekt.

Ein solcher Umgang mit der Puppe hat natürlich seine gefühlshaften Seiten: zärtlich streicheln, trösten, knuddeln, schlagen, schimpfen, verstoßen und versöhnen. Die Gefühlsstürme, denen ein Kind ausgesetzt ist, werden mit der Puppe nachgespielt und dadurch eher aushaltbar, vielleicht auch integrierbar. Auch ermöglicht die Puppe mittelbar eine liebevoll-spielerische Annahme der eigenen Leibhaftigkeit einschließlich der dazugehörigen Gerüche und Säfte... Das unmittelbare spielerische Erkunden derer wird auch in unserer aufgeklärten Zeit allenfalls als »Doktorspiel« toleriert.

Und weiterhin: Ein einfaches Spielzeug wie die Puppe läßt Freiräume für die eigene Phantasie sowie das eigene Handeln und ist vielfältig einsetzbar, kann nicht nur verschiedene Personen darstellen, sondern auch deren sehr widersprüchlich erlebte Eigenschaften: »Liebe Mama, blöde Mama, liebes Kind, böses Kind ...«

Ein Holzstück kann als Auto, Schiff, Flugzeug, Haus, Tier, Mensch und was auch immer eingesetzt werden. Je weniger ein Spielzeug bereits »durchgestylt« ist – man denke nur an ein Stück Knetgummi oder »Matsche« aus Wasser und Sand –, desto mehr werden die eigenen Gestaltungskräfte freigesetzt und die eigenen Entwürfe gefördert. Es sind die vielfältigen Anwendungsmöglichkeiten eines solchen Spielzeugs, die in das Land der unbegrenzten Möglichkeiten – d.h. der Phantasie – führen.

Allmählich scheinen jedoch die Puppe aus Stoff-Fetzen und ähnliches Spielzeug ihre vorrangige Bedeutung im täglichen Spielen zu verlieren. Homo ludens und Homo faber werden älter. Komplexere Spiel-»Techniken« treten in den Vordergrund. In den Spielentwürfen werden die Gesetze und Regeln der Außenrealität immer mehr berücksichtigt: ein Auto *muß* Räder haben, ein Flugzeug Tragflächen und eine Puppe etwas zum Anziehen ...

Aber die Erfahrungen mit der Puppe aus Stoff-Fetzen und all dem, was die Eigenschaften einer solchen Puppe hat, gehen nicht verloren, können über die Symbole immer wieder vergegenwärtigt werden. Sie sind wesentlich für das weitere Welterleben von Homo ludens und Homo faber.

Die schon von den frühesten Säuglingstagen an bestehende Lust, »Ursache für etwas zu sein« läßt nun mit zunehmendem handwerklichen Geschick und technisch-physikalischen Kenntnissen den Homo faber immer kühner werden. Erinnert sei an den Autor als Radiobastler.[1]

Das Spielen wird zum Teil zum Hobby, verbunden mit erregender Anspannung (thrill) und entspannenden Glücksgefühlen (flow), indem eigene Entwürfe vor dem Maßstab eigener Ansprüche gelingen. Und als manchmal verführerisches Bonbon gibt es dazu noch als äußere Motivation soziale Anerkennung.

Und wie geht es dann in der Berufswelt weiter?

Die Gesellschaftswisssenschaftlerin Eva Senghaas-Knobloch vom Forschungszentrum Arbeit und Technik an der

Universität Bremen[2] hat sich im Rahmen einer Befragung von Vertretern des beruflichen »Prototyps« des Homo faber, Entwicklungsingenieure näher angeschaut. Sie zitiert die selbstkritische Äußerung eines Ingenieurs: » Der Ingenieur denkt sich unheimlich viel tolle Ideen aus. Das macht Spaß, was Neues zu entdecken. Der denkt gar nicht: Braucht man das eigentlich? Es macht Spaß, und dann versucht er, andere zu überzeugen, daß du das unbedingt brauchst. Aber brauchen tut man's eigentlich nicht. Und die Firmen wollen das produzieren und verkaufen. Und das deckt sich dann mit dem Interesse des Ingenieurs.«

Innerhalb dieser Interessen-Gemeinschaft stellt sich jedoch eine entscheidende Veränderung ein. Die eher spielerisch entstandenen Entwürfe des Ingenieurs werden dann aus wirtschaftlichen Wettbewerbs- und Verkaufsgründen in ein »Mehr, Schneller, Besser« umgeformt. Als Folge dessen werden Güter in immer kürzerer Zeit mit immer weniger Aufwand an menschlicher Arbeitskraft produziert. Eben dies ist – so ein weiterer Ingenieur – die Hauptspielregel des großen wirtschaftlichen Wettbewerbspieles.

Die Spiellust des Zweigespannes Homo faber/Homo ludens wird dabei offensichtlich für den wirtschaftlichen Wettbewerb mißbraucht.

Dies wird von den Ingenieuren, zum Teil zumindest, auch selbst so gesehen: »Keiner, bin ich der Meinung, ist da und sagt: wir wollen das. Denn wir werden getrieben und gedrückt … von außen. Wir sind weg vom Fenster, wenn wir es nicht genauso machen. Und so ist das ein Prozeß, der sich eigentlich von selber ergibt… Die primäre Zielsetzung ist, daß man wettbewerbsfähig bleibt.«[3]

Die Vorstellung, man müsse im Prinzip wie bislang weitermachen, nur immer noch etwas schneller, würde allerdings nicht herrschen, »fände sie nicht entsprechende kulturelle, in der Lebensweise verankerte Tendenzen. Das Märchen vom Zeitsparen, das von Michael Ende meisterhaft erzählt worden ist, zeigt die lebensweltlich-kulturelle Dimension im technisch-ökonomischen Erneuerungsprozeß«, so Eva Senghaas-Knobloch. Mit anderen Worten: Wir könnten uns schon von der Zwangs-Vorstellung des permanenten Wettbewerbs befreien, wenn wir uns nicht alle schon an die Grauen Herren mit ihren perversen Zeitsparprogrammen zu sehr gewöhnt hätten. Das gilt insbesondere auch für den Homo faber als Ingenieur, der seine spielerische Lust, »Ursache für etwas zu sein« gegen die Knechtschaft im »Mehr, Schneller, Besser« eintauscht.[4]

Allerdings könnte die Erinnerung an die Puppe aus Stoff-Fetzen bereits einen Widerstand gegen den Zeitterror der Grauen Herren aufleben lassen.

Was geschähe denn wohl, wenn ich unverhofft, statt Zeit zu »sparen«, »ganz gemächlich zum Brunnen ginge«? Wenn »die Entdeckung der Langsamkeit« nicht nur auf ein Bedürfnis hinwiese, das sich in einem Buch-Bestseller niederschlägt, sondern als Befreiung des inneren Erlebnisraumes auch unseren alltäglichen Lebensvollzug bestimmte? Die Schildkröte Kassiopeia aus Momo als unser Wappentier?

»Gemächlich zum Brunnen gehen« heißt *inneren* Bildern und Empfindungen Raum geben, die sich zu den äußeren Eindrücken gesellen können.

Er-Innern ist nicht nur eine List der Alten, ihre Er-Lebenszeit zurückzugewinnen, sondern auch ein klares Argument gegen die Grauen Herren: Der mittelalterliche Herr in der voluminösen, PS-starken Limousine, der zwischen Dortmund und Hamburg permanent links fährt –

und höllisch aufpassen muß, daß keiner vor ihm links ausschert – erinnert sich am Ende dieser Fahrt sehr wahrscheinlich nur an die Trottel und Kamele, die langsamer vor ihm gefahren sind. Dieselbe Strecke im Intercity gefahren, hätte ihm vielleicht ermöglicht, mit Muße aus dem Fenster zu schauen und zu den äußeren Eindrücken Gedanken und innere Bilder aufsteigen zu lassen. Vielleicht hätte er einen schöpferischen Einfall zu einem innovativen Produkt gehabt oder zu einer günstigen Handelspartnerschaft, vielleicht auch einen Tagtraum mit guten Gefühlen und erotischen Phantasien ..., vielleicht wäre die Muße auch geeignet gewesen, innerlich Abschied zu nehmen – von einem Menschen, von Hoffnungen, unverwirklichten Möglichkeiten. Sanfte Annäherung an Schmerzen, die sonst mit viel Kraft abgewehrt werden, auf Dauer aber krank machen.

Dennoch gibt es eine Reihe – meist problematischer – Gründe, schnell und viel mit dem Auto zu fahren.[5] Ein Grund ist, daß wir immer früher – schon lange vor dem Eintritt in die Berufswelt – dem Mehr, Schneller, Besser, ausgesetzt sind.

Zunächst war es Mitte der sechziger Jahre in der Bundesrepublik nur der Wettbewerb »Jugend forscht«, der die Vorabiturienten ins wissenschaftliche Leistungsdenken lotste. Mittlerweile gibt es ähnliche Jugendwettbewerbe für das Singen, Malen, Turnen, Tanzen, Lesen, Musizieren ... Selbst die Entwicklung der Kinder erfolgt im Wettlauf gegen Normaltabellen.[6]

Auch die gegenwärtige kindliche Welt des Spielens wird demnach bereits schon von den Grauen Herren kolonialisiert. Michael Ende beschreibt dies recht eindringlich in seiner Geschichte um Momo. Die Grauen Herren etablieren sich als innere gespensterhafte Introjekte, die uns ständig mehr oder weniger laut zurufen: »Noch schneller, das war noch nicht gut genug, siehst du, hab' ich dir doch gleich gesagt, streng dich noch mehr an…«

Und nun verstehen wir auch, warum der mittelalterliche Herr in der voluminösen Limousine so schnell und viel mit eben dieser fahren *muß*:

Er benötigt permanent den Sieg über seine Gegenspieler auf der Autobahn, er muß der erste sein und er braucht auch die Esel und Kamele, um eben das, was er aufgrund der Introjekte an sich selbst verachtet, auf die anderen projizieren zu können.

Die Grauen Herren sind ohne Gnade. Sie versprechen Zeit, stehlen aber das Er-Leben. Die Spielgefährten von Momo, die in die Gewalt der Grauen Herren gerieten, wurden körperlich krank, oder es zeigten sich bei ihnen Frühsymptome von Sucht- und Gewaltkrankheiten. Was der traurigen Wirklichkeit, die wir als Ärzte und Therapeuten alltäglich in Klinik und Praxis wiederfinden, genau entspricht.

Spielen war diesen Kindern dann nicht mehr möglich.

Das »match« war die Art und Weise, in der sie sich begegneten. Dabei ging es nur noch um das »Höher, Schneller, Weiter«, um den Sieg und die Prämie. Nicht der spielerische Prozeß selbst, sondern das nachweisbare Produkt, das Ergebnis, der Sieg waren das entscheidende. Diese Kinder waren für die Unterwerfung unter die Grauen Herren in ihrem späteren Berufsleben bereits vordressiert.

Johan Huizinga zählt nun den Wettkampf der Griechischen Antike (agon) zum Spiel.[7]

Dem agon stellt Huizinga Spielen im Sinne des paidia (wörtlich übersetzt: »Kinderei«) gegenüber. Dieses meinte in der griechischen Antike jedoch nicht ausschließlich das

Spielen der Kinder, sondern bezeichnete auch die »höchsten und heiligsten Formen von Spiel. Der Bedeutungsklang des Frohen, Fröhlichen und Unbesorgten scheint damit verbunden zu sein«.

Paidia und agon gehören nach Huizinga zum »Gesamtverbund« Spiel – Fest – heilige Handlung. Für beide Sphären, die des paidia und des agon treffe dieselbe Definition des Spieles zu.[8]

Dem Spielen als Wettkampf kommt bei Huizinga eine ausgesprochene kulturschaffende Bedeutung zu. Pointiert formuliert er hierzu, daß Kultur als *Spiel* entstanden sei und nicht Kultur aus dem Spiel.[9]

Wesentlich ist für Huizinga im Hinblick auf die Kulturentfaltung das kommunikative Moment, und zwar sowohl als kindliches Spiel (paidia) als auch als Wettkampf (agon).

Damit verglichen hat sich jedoch der heute vorherrschende Wettkampf als »match« wesentlich geändert. Gleichzeitig wird auch die Welt des kindlichen Spielens von den destruktiven Momenten des »match« krebsartig infiltriert.

Im Wettkampf mit match-Charakter, in dem es nur um den Sieg und das Siegen geht, gilt weitgehend nicht mehr das, was zu der von innen kommenden (intrinsischen) Motivation gesagt wurde. Die Anforderungen werden von außen gestellt. Denen genügt aber nur der Sieger – alle anderen sind Verlierer.

So mag es denn kein Zufall sein, daß sich schon recht früh die Bedeutung von agon wandelte.[10] Heute kennen wir agon vor allem als Agonie – Todeskampf.

Huizinga konnte noch sagen, daß sich die Kultur anfangs vorwiegend als »agon« im Sinne des Wettstreits darstellte und diesem verhaftet blieb. *Heute müssen wir hinzufügen, daß der Erhalt der Kultur in Zukunft vermutlich nur durch die Pflege des kindlichen Spielens (paidia) möglich sein wird – mit entsprechenden Freiräumen eben jenseits eines Wettstreits, der in Agonie mündet.*

Aber wird damit nicht eine Scheinwelt aufgebaut oder verbissen etwas angestrebt, was die Kinder selbst gar nicht wollten? So wie Eltern aus bester Absicht heraus mit Macht auf ihren Sprößling einwirken – ohne ihm dabei gerecht zu werden –, wenn dieser einen Stock zum Gewehr macht, auf tausend Feinde anlegt und jene unter freudigem »peng-peng« reihenweise »umlegt«.

Genausowenig wie das spontane Interesse an einem Stock-Gewehr oder Zündplättchen-Revolver verboten werden kann, läßt sich das Rivalisieren, Konkurrieren, das Raufen und Wetteifern abschaffen.

Zwei »Knackpunkte« gilt es dabei jedoch zu berücksichtigen:

1. Das kindliche spontane Interesse – an Waffen wie am Wettbewerb – ist vom Interesse und den Absichten der Erwachsenen zu unterscheiden. Als spontanes spielerisches Handeln hat es in der Entwicklung des Kindes seinen Ort. Als aufgezwungenes Interesse der Erwachsenen deformiert es die Kinder. Kriegsspielzeug auf dem Weihnachtstisch finde ich pervers. Und hinsichtlich der Wettbewerbe sei an das Schicksal derer erinnert, die den Grauen Herren in die Hände gefallen sind.

2. Spontanes kindliches Spielen und Interesse an Waffen wie an Wettbewerben gelten lassen, heißt, nicht darauf zu verzichten, altersgerecht ein »gebrochenes Verhältnis« dazu zu ermöglichen. Gemeint ist damit, die Fähigkeit zum fair play zu fördern.

Dies wird insbesondere dann notwendig sein, wenn Kinder mitspielen, die schon in der Gewalt der Grauen Herren sind, d.h. aufgrund der verinnerlichten Befehle sich ständig durchsetzen müssen, und so die Voraussetzung für ein fair play untergraben.

Spontanes Spielen, auch mit Waffen und als Wettbewerb, jedoch ohne Leistungsintrojekte und Fremdbestimmung durch die Erwachsenen, ist hingegen die beste Voraussetzung für ein fair play.

Erinnert sei an das Spielen und Raufen mit Schwertern und Pistolen wie es sehr prägnant von Mark Twain in seinen Geschichten um Tom Sawyer und Huckleberry Finn beschrieben wird. Huckleberry Finn kommt dabei gut über die Runden. Er verwirklicht gemüthafte Beziehungen zu seinen Freunden und – der neurotischen amerikanischen Provinzgesellschaft zum Trotz – auch zu den Outsidern, Fremden und mißachteten Mitgliedern der amerikanischen Gesellschaft wie den Negersklaven.

Über das Raufen können die eigenen Kräfte ausprobiert werden, aber das Gegenüber bleibt als ein Du erkennbar. Bindungstrieb und angeborene Aggressionshemmungen mildern im fair play die aggressiven Impulse. Diese werden in das Spielgeschehen integriert, lassen dies abenteuerlich werden, ohne daß blinde Zerstörungswut sich breit macht. Allerdings, letztere findet sich gegenwärtig leider immer häufiger, und zwar bereits schon auf den Schulhöfen der Grundschulen – als vorwiegend männliches Problem.[11]

Um so dringlicher erscheint es, gerade auch der männlichen Jugend verlorengegangene Freiräume für ein fair play wieder zur Verfügung zu stellen.

Im nächsten Kapitel geht Renate Kosuch – Vizepräsidentin an der Fachhochschule für Ingenieurwesen in Oldenburg – der Frage nach, ob der homo faber eine »typisch männliche« Gestalt ist. Im darauffolgenden Kapitel beschreibt Ulrich Weiß – Ingenieur und Berufschullehrer – aus seiner beruflichen Praxis heraus Möglichkeiten zur »Nachhilfe« für den Homo faber.

Danach geht es weiter mit einer Fallskizze zur Macht und Ohnmacht der »Grauen Herren«.

1 Daß hier vorwiegend die traditionell männliche Entwicklungslinie dargestellt wird, geschieht aus Gründen der Übersichtlichkeit. Auf die Aspekte des weiblichen Homo faber wird im Beitrag von Renate Kosuch noch gesondert eingegangen. Im übrigen: in einem engagiert gestalteten Werkunterricht einer dritten Grundschulklasse sind die Mädchen genauso begeistert mit Säge, Hammer und Schraubenzieher anzutreffen wie die Jungen. Und in der Koch-AG die Jungen am Kochtopf!

2 In: »Lust und Unbehagen an der Technik«.

3 Die Zielsetzung, wettbewerbsfähig zu bleiben, findet ihre politische Begründung mit dem Verweis auf die Exportabhängigkeit der Bundesrepublik. Als ein Land, das auf Rohstoffimporte angewiesen ist, seien wir dazu verurteilt, uns mit immer schnelleren Produktionen in der Konkurrenzsituation exportierender Länder zu behaupten. Selbst wenn dies uneingeschränkt stimmen sollte, müßte jedoch an dieser Stelle gefragt werden, warum der Ingenieur als spielender Homo faber keine Chance hat, Produkte zu entwickeln und gefertigt zu bekommen, die eben nicht nur eine tumbe Fortsetzung der vorräteverzehrenden und umweltzerstörenden Produktionsweisen darstellen. Beispiel hierfür war der Widerstand der großen Elektrokonzerne gegen die Produktion eines bereits entwickelten Kühlschrankes, der ohne den Ozonkiller FCKW arbeitet. Erst mit Hilfe von Greenpeace gelang es, diesem Kühlschrank auf dem Markt eine Chance zu geben.

4 Hier findet unser Gedankengang Anschluß an die Überlegungen in Kapitel 8: Spielerische Omnipotenzphantasien sind für die kulturelle Entwicklung wesentlich, können allerdings heute nur in wenigen bevorzugten Berufen ohne äußere Deformierung und Zweckentfremdung mit der täglichen Arbeit verknüpft werden.

5 Siehe hierzu Bastian, T. und Theml, H. (1990): Unsere wahnsinnige Liebe zum Auto.

6 Zeitgleich zu dieser zunehmenden Leistungs- und Wettbewerbsmentalität müßten Reservate für eine leistungsfreie spielerisch-schöpferische Aktivität eingerichtet werden: die (meist stationäre) Psychotherapie mit Tanz-, Mal-, Turn-, Reit-, Musik-, Erlebnis-, Spiel-, Märchentherapie, nicht zuletzt: das beliebte Matschen mit Ton. Gerade diese Psychotherapieformen sind dann unverzichtbar bei unseren immer jünger werdenden sucht- und gewaltkranken Patienten.

7 Obschon dieser auch tödlich enden konnte: »Daß die meisten Wettkämpfe der Hel-

lenen augenscheinlich in vollem Ernst ausgekämpft wurden, ist noch lange kein Grund, den agon vom Spiel zu trennen. Der Ernst, mit dem ein Wettkampf betrieben wird, bedeutet keineswegs die Verneinung seines Spielcharakters. Er weist ja alle formalen und auch funktionellen Kennzeichen des Spiels auf.«

8 Die Spieldefinition bei Huizinga ist ausgesprochen formal gehalten: »(Man) kann das Spiel also zusammenfassend eine freie Handlung nennen, die als ›nicht so gemeint‹ und außerhalb des gewöhnlichen Lebens stehend empfunden wird und trotzdem den Spieler völlig in Beschlag nehmen kann, an die kein materielles Interesse geknüpft ist und mit der kein Nutzen erworben wird, sich innerhalb einer eigens bestimmten Zeit und eines eigens bestimmten Raums vollzieht, die nach bestimmten Regeln ordnungsgemäß verläuft und Gemeinschaftsverbände ins Leben ruft, die ihrerseits sich gern mit einem Geheimnis umgeben oder durch Verkleidung als anders als die gewöhnliche Welt herausheben«. Einen allgemeinen, sowohl paidia als auch agon einschließenden Spielbegriff gab es in der klassischen Antike nicht.

9 Mit dem Ausdruck »Spielelement der Kultur« ist hier nicht gemeint, daß Kultur durch einen »Entwicklungsprozeß aus Spiel hervorgeht, in der Weise, daß etwas, was ursprünglich Spiel war, später in etwas übergegangen wäre, was nicht mehr Spiel ist und nun Kultur genannt werden kann. Vielmehr (soll) gezeigt werden, daß Kultur in Form von Spiel entsteht, daß Kultur anfänglich gespielt wird« (S. 51).

10 Bei Aristoteles gibt es agon in der Bedeutung von Angst und bei Demostenes als Schrecken, synonym zu phobos. Dies bezog sich vor allem auf die angstvolle Gestimmtheit hinsichtlich des Ausganges eines Kampfes (Henricus Stephanus, Thesaurus graecae linguae, Paris, 1865).

11 S. a. Schiffer, E. (1994), Warum Hieronymus B. keine Hexe verbrannte. Möglichkeiten und Motive gegen Gewalt bei Kindern und Jugendlichen.

12.

Ist der Homo faber eine typisch männliche Gestalt?

Von Renate Kosuch

»Unsere bisherige Technik steht in der Natur wie eine Besatzungsarmee im Feindesland, und vom Landesinneren weiß sie nichts.«
Ernst Bloch

Von der Tendenz her ist die Eingangsfrage zu bejahen. Denn sich zu einem »zweckmäßig und technisch denkenden Menschen« zu entwickeln geht zumeist mit den gesellschaftlichen Erwartungen an Männlichkeit einher. Die so strukturierte Persönlichkeit des Mannes ist immer noch das »Normale« und wird auch von der Berufswelt so eingefordert, wie am Beispiel des Ingenieurs aufgezeigt wurde (s .S 147).

Diese Einengung und Reduzierung löst jedoch keinen größeren Leidensdruck unter Männern aus, weitere Spiel-Räume für sich zu erkämpfen. Sonst gäbe es beispielsweise längst mehr Väter, die Familienarbeit übernähmen und die dafür notwendigen Arbeitszeitregelungen durchgesetzt hätten.

Jedoch wäre eine »emanzipierte« Männerbewegung zumindest denkbar, die für sich – ähnlich wie die Frauenbewegung – neue Spiel-Räume als Ziel formulierte. In diesem Falle hieße es, den Homo ludens zu fördern und zu entwickeln sowie in eine gelungene Beziehung zum Homo faber bringen zu können.

Auch die Patienten in der Psychotherapie sind ja immer noch zum größeren Teil Frauen, die ihre gefühlshaften Widersprüche thematisieren möchten. Das Verharren in bloßer Zweckrationalität, verbunden mit dem Mangel an expressiven – stärker weiblich assoziierten – Fähigkeiten der Männer wird aber in unserer Gesellschaft abgefedert – von Frauen und Kindern. »Fragt man Psychoanalytiker (...) danach, ob der Typus Homo faber unter ihren Patienten häufig vorkommt, bekommt man nicht selten die lakonische Antwort: ›Der schickt meistens seine Frau‹ – so Thomas Leithäuser und Klaus Schütt in »Lust und Unbehagen an der Technik«.

Frauen und Kinder dürfen ihre Gefühle – auch die konflikthaften – äußern, Männer nach gängigen Rollenerwartungen nicht. Seelisches Leiden und innere Widersprüche äußern sich bei Männern vorwiegend als psychosomatische Krankheiten – Bluthochdruck, Herzinfarkt, Magengeschwüre. »Männer haben Herzinfarkt« singt Herbert Grönemeyer treffend. Und der Homo faber bei Max Frisch leidet vermutlich an einer chronischen Gastritis, befürchtet auf Dauer aber einen Magenkrebs. Die »Pathologie der Normalität« (Erich Fromm) ist heute immer noch vorwiegend eine männliche.

Was ist nun speziell zum weiblichen Homo faber zu sagen? Die hier vertretene These lautet: die geschlechtliche Sozialisation (das Hineingeholt-Werden und das Sich-Aneignen der jeweiligen Geschlechtsrolle) und die Rollenzuweisungen an Männer und Frauen im weiteren gesellschaftlichen Kontext verhindern einen weiblichen (und fördern einen männlichen) Homo faber in »Reinform«. Das bedeutet nicht, daß es nicht doch einzelne Frauen gibt, die dem Bild des Homo faber entsprechen. Aber Frauen haben das, was in diesem Buch »Gemeinsinn« genannt wird, tendenziell stärker entwickelt – nicht als die besseren, sondern als die für diesen Bereich zuständigen Menschen.

Betrachten wir zunächst die Sozialisation. In den ersten drei Lebensjahren, in denen Kinder ihre Geschlechtsidentität ausbilden, ist nach wie vor primär die Mutter die Bezugsperson. Das führt dazu, daß die weibliche Identitätsbildung von Bindung, die männliche von Ablösung geprägt ist.[1] Mit der Entwicklung der männlichen Identität geht die Verfestigung von Ich-Grenzen gegenüber der anderen, der Mutter, einher. Das Mädchen hingegen entwickelt in dieser Phase, vermittelt durch die Übereinstimmung des Geschlechts mit der Mutter, weiter die Fähigkeit, sich in Bedürfnisse und Gefühle anderer hineinzuversetzen.[2] Dabei werden die Ich-Grenzen weniger ausgeprägt, gleichzeitig jedoch die Grundpfeiler für die Entwicklung des Gemeinsinns gelegt. Auch im kindlichen Spielen lassen sich diese Geschlechtsunterschiede wiederfinden.

Janet Lever[3] hat sie folgendermaßen beschrieben: Jungen spielen häufiger im Freien als Mädchen, häufiger in größeren, vom Alter her gemischten Gruppen. Im Spiel zeigen sie sich konkurrenzorientierter.

Jungen sind in der Kindheit zunehmend fasziniert von der Aufstellung von Spielregeln und der Entwicklung von fairen Verfahren zur Schlichtung von Konflikten. Die Spiele dauern länger, weil Streitigkeiten nicht zum Abbruch des Spiels führen. Im Gegensatz dazu beendet der Ausbruch von Streit das Spiel der Mädchen, die die Fortsetzung des Spiels dem Fortbestehen der Beziehung unterordnen. Sie betrachten Regeln nur so lange als gut, wie sie sich bewähren und sind daher der Änderung dieser Regeln toleranter gegenüber (Gilligan 1984). Sie spielen eher in kleinen intimen Gruppen oder mit der besten Freundin. Diese Spiele, häufig in Privaträumen, ahmen in ihrer kooperativen Anlage die sozialen Muster der Primärbeziehung nach. Diese Ausrichtung ist nicht unbedingt frei gewählt.

Mädchen wachsen behüteter auf als Jungen. Oder anders formuliert: Ihnen wird insgesamt weniger Freiraum zugestanden. Daß Jungen im Spiel mehr Wert auf Wettkampf und Regeln, Mädchen mehr Wert auf die Beziehung (auch auf Kosten des Spiels) legen, prägt wiederum die soziale Orientierung der Geschlechter. Tendenziell ist die Ausrichtung von Männern stärker positionsbezogen (oben/unten), von Frauen persönlichkeitsbezogen (nah/ fern).[4]

Diese lebenslang auf die Menschen einwirkenden Geschlechtsrollenzuweisungen verhindern bei Frauen ebenfalls ein Homo-faber-Dasein in Reinform. So wird beispielsweise der Mangel an sozialen Fähigkeiten bei Frauen stärker sanktioniert, während er bei Männern nicht unbedingt als Defizit bewertet wird.

Beziehen wir uns an dieser Stelle noch einmal auf den Ingenieurberuf: Bei männlichen Naturwissenschaftlern und Ingenieuren sind Leistungsbezogenheit, Gefühlsarmut und Zweckrationalität »erlaubt«, denn sie sind zunächst deckungsgleich mit dem beruflichen Habitus, der sich aus dem »Kriegshandwerk« entwickelt hat. Ingenieurinnen hingegen, die diese Züge zeigen, werden mit zwei Arten von Barrieren konfrontiert: Zum einen wird ihnen die Weiblichkeit abgesprochen. So sagt beispielsweise ein Ingenieur über die einzigen drei gleichrangig beschäftigten Kolleginnen, die ihm im Laufe seines bisherigen Berufslebens begegnet sind: »Alle drei habe ich in dem Sinn als Frau nicht ernst genommen. (Denn auffällig war), daß sie die Arbeit weit höher schätzten als ich!« Auf die Frage, wie Kolleginnen sein müssen, um sie auch als Frauen respektieren zu können, antwortet er, das bedeute, daß sie »auch andere Sichtweisen haben, anders auch reagieren, anders auch emotional reagieren (müssen). Was ich auch nicht immer gleich verstehe, aber das war bei denen eben nicht!«

Zum anderen wird der weibliche Homo faber gar nicht als solcher wahrgenommen: Übernehmen Frauen tatsächlich das Verhalten eines Ingenieurs, so wird dies vom männlichen Umfeld nicht unbedingt als solches erkannt und geschätzt, sondern es wird abgewertet. So bescheinigten sich männliche Studenten der Naturwissenschaften selbst in positiver Weise, sie seien produktiv, rational und sachlich. Ihre Kommilitoninnen beschrieben sie statt dessen als arbeitsam und streberisch (und nicht als produktiv), sowie frustriert, unerotisch und geschlechtslos (statt rational und sachlich).[5]

Beides zusammen führt dazu, daß Ingenieurinnen im beruflichen Alltag häufiger in Ambivalenzkonflikte geraten als ihre männlichen Kollegen.[6] In gelungener Form lösen sie diese Konflikte, indem sie die soziale Dimension in ihre berufliche Identität einbinden. Sie legen zum Beispiel deutlich mehr Wert auf ihre Fähigkeit zur Zusammenarbeit mit anderen Menschen als ihre männlichen Kollegen.[7] Vielleicht sind sie von daher auch besonders befähigt als Fachfrauen für Technik und gleichzeitig als Schrittmacherinnen für die Reflexion ökologischer und ethischer Probleme, die mit eben dieser Technik verknüpft sind.

Aber nicht nur Ingenieurinnen, sondern Frauen allgemein müssen Eigenschaften des Homo faber in ihre Persönlichkeit integrieren, weil sie sonst – allein mit »typisch weiblichem Verhalten« – dysfunktional für unsere Gesellschaft wären. Die Eigenschaften, die mit Erwachsensein und persönlicher Reife verknüpft werden – wie Fähigkeiten zum autonomen Denken und klaren Entscheiden – sind gleichzeitig mit Männlichkeit assoziiert.[8] Dies hängt sicher auch damit zusammen, daß Homo faber-Eigenschaften in unserer Gesellschaft sehr erfolgreich sind und daher ein hohes Ansehen genießen. Hingegen bilden weibliche Eigenschaften entlang der heute noch wirksamen Vorurteile zu den Geschlechtsrollen sozusagen den Gegenpol zum Erwachsensein. Ohne die eben genannten »männlichen« Fähigkeiten wäre also für eine Frau in der Erwachsenenwelt kein Bein auf den Boden zu bekommen. Frauen müssen demnach Grenzgängerinnen zwischen »Männlichem« und

»Weiblichem« sein, wenn sie erfolgreich und psychisch gesund in unserer Gesellschaft bestehen wollen.

1 Chodorow (1974) zitiert nach Gilligan: Die andere Stimme, München 1984

2 S.a. Kp. 1 unter »harmonische Verschränkung«.

3 Janet Lever (1976), zitiert nach Gilligan, aaO., 1984

4 Chodorow (1974) zitiert nach Gilligan, aaO., 1984, Kosuch: Beruflicher Alltag in Naturwissenschaft und Ingenieurswesen. Weinheim 1994

5 Brämer/Nolte: Die doppelte Bedrohung: Über das gegenseitige Angstverhältnis von Naturwissenschaften und Frauen, 1983

6 Kosuch, aaO. 1994

7 Bailyn: Erfahrungen mit technischer Arbeit: Ein Vergleich zwischen Ingenieuren und Ingenieurinnen. In: Janshen, D., Rudolph H.: Frauen gestalten Technik. Pfaffenweiler 1988

8 Broverman: Sexrole Stereotypes: A current appraisal. In: Journal Social Issues 28. 1972

13.

Projektarbeit – Nachhilfeunterricht für Homo faber

von Ulrich Weiß

»Es kann nicht Ziel der Schule der Zukunft sein, eine fachbezogene Ordnung der Lernzusammenhänge als alleiniges und zentrales Ordnungsprinzip beizubehalten.«

Bildungskommission NRW:
Zukunft der Bildung – Schule der Zukunft[1]

»Als ich den leitenden Mann eines internationalen Konzerns fragte, was jemand denn mitbringen müsse, um bei ihm Chancen für einen Job zu haben, antwortete er, das lasse sich mit einem Wort sagen: Bildung.«

Adolf Muschg[2]

Die Bildungskommission trifft den Nagel auf den Kopf: Eine auf bloße Wissensvermittlung ausgerichtete Schulausbildung kann den Ansprüchen der Zukunft nicht mehr gerecht werden. Das gilt auch für die Berufsschule.

Aber welche Rückschlüsse und Konsequenzen sind endlich daraus zu ziehen? Was bedeutet diese pädagogische Aufgabe für das Zusammenspiel von Homo faber und Homo ludens? Und damit auch für den Produktionsprozeß selbst?

Ziel der Ausbildung ist bislang der hochtrainierte, gut funktionierende Fachmann für komplexe Bedienungstechniken.[3] Als »Maschinenhirte« (siehe Kapitel 15) ist dieser aber immer noch unterwegs zum Fachidioten, der nicht mehr weiß, was »gut tut«.

Letzteres könnte sich jedoch demnächst ändern. Denn in jüngster Zeit wurden am zweiten Lernort der dualen Berufsausbildung[4], dem Betrieb, andere Wege beschritten: In Großfirmen wie VW, Mercedes Benz, Siemens u.a. beginnt die Metallausbildung nicht mehr mit dem stupiden Feilen von Metallkötzchen, sondern mit Kunstprojekten – und das zusammen mit Auszubildenden aus allen Sparten des Betriebes.

Die jungen Auszubildenden entfalten ihre Kreativität in betriebseigenen Ateliers, malen, komponieren, arrangieren. Sie arbeiten in Gruppen, tauschen Ansichten und Erfahrungen aus. Die jungen Männer und Frauen können darüber in ein themenbezogenes, aber hinsichtlich der Geschlechterdifferenz (siehe Kapitel 12) eher entspanntes Gespräch kommen.

Es stellt sich die Frage, inwieweit ein solches Modell für schöpferisches Handeln auch Ansatzpunkte für den Unterricht in der Berufsschule ergibt.

In der aktuellen pädagogischen Diskussion geht es in diesem Zusammenhang vorrangig um eine Erweiterung des Kompetenzbegriffes. Ausschließlich fachliche Kenntnisse reichen nicht mehr. Gefordert werden »personale, soziale und methodische Kompetenzen«. Näherungweise geht es also um den ganzen Menschen.

Insbesondere wird Wert auf einen »höchsten Grad an Selbständigkeit und Kreativität« gelegt. Damit ist auch ein eigenständiges Lernen gemeint, das sich nicht bloß auf das Fach bezieht, sondern ebenfalls auf die soziale Kompetenz. Und das heißt doch, unproduktive und störende Rollenschemata durchbrechen zu können.

Unversehens gerät der erweiterte Kompetenzbegriff in die Nähe des – vermeintlich bereits beerdigten – Humboldtschen Bildungsideales. Dies erweist sich auf einmal wieder als sehr modern: »als die Fähigkeit und der Wunsch, sich an der Wirklichkeit zu bilden – an den Hervorbringungen und Herausforderungen, den Zuständen und Widerständen der gewordenen Welt –, so daß man dieser gewachsen ist und sie dadurch zu berichtigen, zu bewahren, zu bereichern vermag.«[5]

Die Erweiterung des Kompetenzbegriffes in dem obengenannten Sinne hat entscheidende Folgen für den Berufsschulunterricht. Sie schließt als Umsetzungsmethode den lehrerzentrierten Unterricht weitestgehend aus. Vielmehr erfordert sie eine eigenständige Handlungsorientierung. Kopf- und Handarbeit der Schüler können in ein ausgewogenes Verhältnis zueinander gebracht werden. Und es werden gleichfalls alle Sinne angesprochen.[6]

Ein möglicher Weg zu diesen Kompetenzen stellt die Projektarbeit dar. Hier arbeiten Berufsschule und Betriebe eng zusammen, damit die Auszubildenden Projektthemen wählen können, die einerseits etwas mit der späteren Berufspraxis zu tun haben, andererseits die Auszubildenden eigene spezielle Interessen, Neigungen und Fähigkeiten einbringen lassen.[7] Eigenbestimmt erarbeiten die Schüler auch zusammen die Verlaufs- und Beurteilungskriterien für die Projektarbeit.

Hier geht es um ein fair play, um bei unterschiedlichen Schwierigkeitsgraden der Projekte auch eine gerechte und vergleichbare Beurteilung zu ermöglichen. Die Arbeit selbst erfolgt dann jeweils in Kleingruppen, die unter sich die Gesamtaufgabe aufteilen. Konstruiert und gebaut werden die Werkstücke und Modelle in der Schule und in den Betrieben. Hinsichtlich der Geschlechterdifferenz ergibt sich nach meinem Dafürhalten dabei schon die Chance, auch hier ein fair play zu praktizieren und die von Renate Kosuch beschriebenen Rollenschemata zu überwinden. So war bei den – verhältnismäßig wenigen – geschlechterübergreifenden Kooperationen durchaus ein Klima wechselseitiger Akzeptanz festzustellen. Allerdings verhielt sich »Frau« streckenweise noch rollenkonform, indem sie eher als ihre männlichen Kollegen integrativ wirkte, bemüht war, gelegentliches Chaos zu verringern, und sei es, daß sie sich im Unterschied zu ihren männlichen Kollegen mehr für die Aufräumarbeiten engagierte.

Sollte es »Frau« gelingen, den absoluten Minderheitenstatus in derartigen Projektgruppen zu durchbrechen, wäre es ihr vielleicht noch eher möglich, dem männlichen Homo faber auch in dieser Hinsicht etwas mehr Lerneifer abzuverlangen.

Daß im Rahmen der Projektarbeit Rollenveränderungen möglich sind, zeigt sich z.B. im gewandelten Selbstverständnis der Lehrer und betrieblichen Ausbilder. Sie mutierten vom Kontrollierenden und Reglementierenden zum Fachmann, dessen Rat eingeholt werden kann. Entscheidend wird in Zukunft auch sein, daß nicht nur vom Fach-Mann sondern auch von der Fach-Frau Hilfe und Rat eingeholt werden können.

Die Ergebnisse der Projektarbeit werden schließlich von Schülern, Ausbildern der Betriebe und Lehrern gemeinsam beurteilt. Indem allen Teilnehmern der jeweilige Schwierigkeitsgrad der Projekte deutlich und damit besser vergleichbar wird, kann auch ein höheres Maß an Objektivität in der Beurteilung erzielt werden. Die zuvor selbst aufgestellten Beurteilungskriterien dienen allen dabei als Richtschnur. Hierüber wird ein Schritt vom fair play zum sensus communis vollzogen: die anderen wahrnehmen und ihnen auch gerecht werden.

Verblüffend ist bei der Projektarbeit immer wieder die innere Motivation der Auszubildenden. Diese zeigt sich nicht nur dann, wenn es darum geht, die bestmögliche Lösung bei den verschiedensten Problemstellungen zu finden, sondern auch in dem Wunsch, sich selbst umfassend »schlau zu machen« und dabei die verschiedensten Quellen anzuzapfen.

So stoßen wir bei der Projektarbeit auf Erkundungslust im wortwörtlichen Sinne. Und es zeigt sich auch die Lust, »Ursache von etwas zu sein«. Zugleich ist das Lernen an eigenen oder zumindest gemeinsam erarbeiteten Vorgaben orientiert. Hierdurch werden auch thrill und flow immer wieder im Arbeitsprozeß ermöglicht. Fazit: Es ist kaum zu glauben, aber so kann Lernen auch Spaß machen.

Kritiker der Projektarbeit fürchten jedoch – unter anderem – eine mangelnde Lehrplanerfüllung und Entfachlichung des Unterrichtes. Sie beziehen sich dabei auf die von ihnen so gesehene Beliebigkeit der Themenwahl und der Bearbeitungskriterien. Dem ist allerdings entgegenzuhalten, daß die Auszubildenden die Themen gemäß ihrem Ausbildungsstand wählen und entsprechend komplex gestalten. Genau dies ist die Voraussetzung für ein flow-Erlebnis beim Lernen, d.h. für die innere Motivation. Fast noch wichtiger ist der Aspekt, daß das Lernen gelernt wird als selbständiges, fächer- und bereichsübergreifendes Arbeiten. Bei den immer kürzeren Zeiten, in denen aktuelles Wissen besonders im Bereich der Elektronik wieder veraltet ist, kann dieser Gesichtspunkt kaum zu hoch eingestuft werden.

Es gibt jedoch noch eine andere kritische Frage im Hinblick auf die angestrebten Veränderungen. Nämlich die, ob es denn neben der gewünschten produktionsfördernden Kooperation und Kreativität *wirklich* Eigenständigkeit und Eigensinn sowie fachübergreifendes Engagement sind, die gewünscht und begrüßt werden. Oder ob anstelle umfassender Lebenskompetenz durch innovative Ausbildungsformen nur eine neue Art der Effektivitätssteigerung, eine noch raffiniertere Form der Ausbeutung ins Auge gefaßt wird.

Weg vom »Maschinenhirten« – hin zum verantwortungsbewußten, dem Gesamten verpflichteten Gesellschaftsmenschen, der ein Gespür dafür hat, »was gut tut«. Weg von der Berieselung im Unterricht – hin zur Förderung von Kreativität, Eigen-Sinn und Eigen-Ständigkeit. Sind dies die Ziele, die auch von den Unternehmungsleitungen angestrebt werden – gegen die Interessen der Grauen Herren und Damen? Sollten die Ziele – auch mit Hilfe der Projektarbeit – erreicht werden, dann hätten die Grauen Herren und Damen tatsächlich nichts mehr zu lachen.[8]

1 Bildungskommission NRW: Zukunft der Bildung – Schule der Zukunft. Neuwied 1995, S. 103 Die Bildungskommission NRW wurde 1992 von dem Ministerpräsidenten einberufen. Sie besteht aus unabhängigen Persönlichkeiten des öffentlichen Lebens aus NRW, der Bundesrepublik Deutschland und dem europäischen Ausland.

2 Frankfurter Allgemeine Zeitung, 20.7.1996: »Wer nicht Spielen kann, lernt nicht«. Bildung ist hier in ihrem Doppelaspekt gemeint: Als Aneignungsprozeß und dessen Motivationsgrundlage sowie als Ergebnis dieses Aneignungsprozesses.

3 Siehe auch Renate Kosuch, Selbsteinschätzung des Ingenieurs, Kp. 12

4 Duales System: Die Berufsausbildung erfolgt in Deutschland an den Lernorten Berufsschule (theoretischer Schwerpunkt) und Betrieb (praktischer Teil).

5 Zitiert nach Hartmut von Hentig in: Ev. Kommentare 3/97, S. 151

6 S. auch Meyer, Hilbert, Unterrichtsmethoden, I. Theorieband. Frankfurt/M. 1994, S. 214 ff.

7 So reichte die Projektwahl einer Klasse (drittes Ausbildungsjahr im Fach Steuerungstechnik/Anlagenautomatisierung) bei dem Thema »Elektronische Steuerungstechnik« von der Modelleisenbahn über die Ampelanlage bis zur Kombinationssteuerung von Förderband, Abgreifeinrichtung und Werkstückbearbeitung. Zeitdauer der Projektarbeit: 8 Wochen, 3 Wochenstunden in der Schule, ca. 4 Wochenstunden im Betrieb.

8 Ermutigend ist in diesem Zusammenhang, daß z.B. das kanadische Durham Board of Education mit dem 300.000 DM dotierten Carl-Bertelsmann-Preis für innovative Schulsysteme ausgezeichnet wurde. In der Begründung heißt es, daß Durham Schulen dabei seien, Zukunftswerkstätten zu werden. Und zwar, weil sie neben den Lerninhalten wie Kulturtechiken und Grundwissen »Teamwork« und »Personal Management« – als die Fähigkeit, sich selbst zu organisieren – als Schlüsselaufgaben gefordert haben. (Reinhard Kahl: Wo Lehrer lernen lernen. In: DIE ZEIT, Nr. 39 vom 20.9.96, S. 48)

14.

Verwechslungen

»Er sah mich an, wie ich mich mit dem Hammer in der Hand und vom Schmieröl verschmutzten Händen über einen Gegenstand beugte, der ihm ausgesprochen häßlich erscheinen mußte.
›Du sprichst ja wie die großen Leute!‹
Das beschämte mich. Er aber fügte unbarmherzig hinzu:
›Du verwechselst alles, du bringst alles durcheinander!‹
Er war wirklich sehr aufgebracht. Er schüttelte sein goldenes Haar im Wind.
›Ich kenne einen Planeten, auf dem ein puterroter Herr haust. Er hat nie den Duft einer Blume geatmet. Er hat nie einen Stern angeschaut. Er hat nie jemanden geliebt. Er hat nie etwas anderes als Additionen gemacht. Und den ganzen Tag wiederholt er wie du: Ich bin ein ernsthafter Mann! Ich bin ein ernsthafter Mann!‹«

Antoine de Saint-Exupery

Die Grauen Damen und Herren, denen wir in diesem Buch schon wiederholt begegnet sind, treten nicht nur als Konkurrenz- und Leistungsintrojekte auf. Als graue Gestalten, die durch die allgegenwärtige Werbung in uns etabliert werden, befinden sie auch über unseren tagtäglichen Warenkonsum. Gleichzeitig bestimmen sie, *was* Ware ist – vom Atomstrom bis zum Deo, vom Erlebnisurlaub bis zur Barbie-Puppe. Ihre Botschaft, nein ihr Befehl: »Du kannst erst zufrieden sein, wenn du *dieses* Produkt besitzt, verbrauchst.«[1]

Deutlich wird dies zum Beispiel bei den Bekleidungsartikeln für Kinder und Jugendliche oder Spielgeräten wie den Skate-Boards. Erst dieses oder jenes Produkt, das den höchsten Nimbus hat, ermöglicht als äußeres Ziel den – scheinbar – inneren Frieden.

Möglichkeiten, ohne solche Produkte spielerisch Welt zu erleben, »schocken« dann nicht mehr, weil eigenbestimmtes Motiviertsein und schöpferisches Handeln im Spielen bislang kaum erfahren worden sind. Es sind dann die äußeren Produkte als Agenten der Grauen Herren, die das Leben der Kinder zunehmend ausfüllen. So wie das Leistungsintrojekt sagt: »Du kannst erst zufrieden sein, wenn du diese Zielmarke erreicht hast«, sagt das Produktintrojekt: »Du kannst erst zufrieden sein, wenn du dieses Marken- Produkt besitzt.« Sind die Grauen Herren erst einmal als Produktintrojekte von außen in uns eingedrungen, ohne daß wir es recht bemerkt haben, dann haben sie gesiegt.[2] Aber wehe dem, der sich Produkte gar nicht leisten kann: Damit dann überhaupt noch etwas »schockt«, werden Homo ludens und Homo faber in ihren Aktivitäten immer (selbst)zerstörerischer.

Die Jugendlichen, die Autos knacken und in Wettrennen

zu Schrott fahren oder auf der U-Bahn surfen, leiden durchaus an einer ähnlichen Form der Spielvergiftung wie Wiebke (siehe Kapitel 5). Deren Protest gegen die Grauen Herren als Leistungsintrojekte führte in die lebensbedrohliche Anorexie. Die einzige Freiheit zur Selbstverwirklichung, die ihr noch möglich schien, bestand in der faktischen Selbstzerstörung. Ähnliches läßt sich zu der Begegnung der Jugendlichen mit den Grauen Herren als Produkt- oder Konsumintrojekten vermuten.

Leistungs- und Konsumintrojekte bedeuten heute eine doppelte Kränkung: Wer aus inneren oder äußeren Gründen (z.B. Arbeitslosigkeit) nichts (mehr) leistet, kann sich dann auch nichts mehr leisten: nämlich die Produkte.

Und wenn ich mir selbst – bzw. den verinnerlichten Grauen Herren – weder Leistung noch Produkt vorweisen kann, dann bin ich auch nichts.[3]

Das vermeintlich Besondere, das Identität ermöglicht, wird dann nicht mehr über Leistung oder das Produkt, sondern über die schockierende Handlung gesucht. Die als Versager gelten und sich als solche auch fühlen, vernichten auf der Suche nach einem anderen Selbstverständnis sehr oft sich selbst.[4]

Doch auch die Grauen Herren sind Sklaven eines unbarmherzigen Systems. Sie müssen erfolgreich zum Warenkonsum verleiten, um eine Existenzberechtigung zu haben. Heftig konsumieren können Menschen gewöhnlich jedoch nur, wenn sie auch heftig etwas leisten. So die Logik der Grauen Herren. Daran mußte ich denken, als ich Katja in meiner Sprechstunde antraf:

Katja kam gleich auf ihre beruflichen Startversuche bei zwei Werbeagenturen zu sprechen. Sie sackte dabei tief in sich zusammen. Das sei eigentlich die schlimmste Enttäuschung in ihrem Leben gewesen. Sie habe sich stärker gekränkt gefühlt als bei dem Bruch ihrer ersten Partnerschaft vor etlichen Jahren. Nachdem auch der zweite Versuch gescheitert sei, bei einer Werbeagentur Fuß zu fassen, habe sie sich nur noch zurückgezogen und sich nicht mehr aufraffen können. Nichts habe sie mehr interessiert – außer Alkohol.

Konsumiert habe sie davon in den letzten Wochen erschreckend viel, wodurch sie jedoch nur noch lethargischer geworden sei. Schließlich sei ihr der Gedanke, was das Leben für sie eigentlich noch bedeuten könne, so übermächtig geworden, daß sie sich auf Vermittlung ihrer Freunde hin in unserer Sprechstunde für Suizidgefährdete meldete.

Was war vorher noch geschehen?

Nach zwei erfolgreichen Studiengängen – einer davon in Kommunikations-Design – hatte sich Katja mit einigem Optimismus bei einer großen Werbeagentur beworben. Das Klima sei dort aber von Anfang an erschreckend gewesen, berichtete Katja. Zwei Sorten von Menschen gäbe es dort, die »Stars« und die »Nicht-Stars«. Von letzteren gäbe es noch einige, die mit aller Verbissenheit versuchten, diesen Status zu überwinden. »Praktisch prostituieren die sich, um später auch mal was von ihren Ideen umsetzen zu können.«

Als Anfängerin war Katja selbstverständlich ein Nicht-Star. Mit den beiden Studiengängen brachte sie allerdings den Anspruch mit, ihren Status möglichst rasch zu verändern. Als sie ihre ersten Entwürfe vorlegen durfte, erntete sie jedoch nur ein Schulterzucken und ein mehr oder weniger deutlich geringschätziges Lächeln. »Da sitzt man Tage und Nächte, putscht sich mit Cola, Kaffee und Zigaretten auf und fühlt sich hinterher verarscht. Natürlich kennen die

Stars das auch, haben das selber auch einmal durchgemacht und sind natürlich auch frustriert, wenn ihre Entwürfe nicht ankommen oder kein Erfolg werden. Aber gerade weil sie es kennen, müßten sie doch irgendwie in der Lage sein, einen irgendwie zu ermutigen, zumindest einen nicht so fertigzumachen – aber vielleicht sind sie selber schon so fertig, ohne es zu wissen …«

Wenn Katja mir im Gespräch gegenüber saß, spürte ich förmlich die Zentnerlast ihrer Lebensenttäuschung, ihres Frusts, den sie mir auf die Schultern packte. In Stimme und Gestik zeigte sie sich ausgesprochen »nölig« oder »dysphorisch sowie eingeschränkt im Affekt«, wie es in unserer Fachsprache so schön heißt. Mein Verständnis, das ich ihr zu vermitteln versuchte, registrierte sie scheinbar gar nicht. Auch auf meine Frage, warum sie in einer Werbeagentur arbeiten wollte und warum es denn – nachdem auch der zweite Versuch genauso wie der erste verlaufen war – für sie gar keine Alternative gäbe, reagierte sie kaum.

Nachdem wir uns schon längere Zeit kannten, riskierte ich, ihr zu sagen, daß ich als ihr Mitarbeiter in einer Werbeagentur auch nicht viel Spaß gehabt hätte, mit ihr zusammenzuarbeiten, wenn sie mir so »nölig« begegnet wäre – das heißt so, wie ich sie häufig in den Gesprächen hier erleben würde.

An dieser Stelle lachte Katja zum ersten Mal: Nein, so sei sie nicht gewesen, da hätte sie aufgepaßt. Aber grundsätzlich kenne sie das an sich schon. Wie ich später erfuhr, war diese Art, sich so zu geben, in ihrer Familie üblich gewesen. Aufmerksamkeit und heftigere Gemütsbewegungen seien nur bei Präsentationen der Schulnoten oder anderen Erfolgs- und Karrierenachweisen zu erwarten gewesen. Oder »wenn ich etwas malte, was meiner Familie gefiel.«

Grundmuster ihrer Erfahrung war also, nur dann beachtet und geachtet zu werden, wenn sie etwas – Gefälliges – geleistet hatte. Dementsprechend brüchig war auch ihr Selbstwertgefühl – dies verbunden jedoch mit der tröstenden Phantasie, daß die Welt ihr später einmal zu Füßen liegen würde. Folglich erwartete sie auch einiges an Großartigkeit von sich selbst.

Ihr Lebensweg wies an dieser Stelle durchaus einige Ähnlichkeit mit dem von Wiebke auf.

In der Schule schlug sich Katja recht und schlecht bis zum Abitur durch, zeigte dabei jedoch einiges Talent in den schöpferischen Fächern. Ihre ersten Freundschaften, mit denen sie mit 13 Jahren verhältnismäßig früh begann, füllten sie derart aus, daß sie fürs Lernen kaum noch Zeit und Kraft hatte.

Mit Studienbeginn dreht sie jedoch auf, ihre Noten sind jetzt hervorragend. Zufrieden ist sie mit sich jedoch nur selten. In ihren Partnerschaften fühlt sie sich immer weniger geborgen. Die meisten verlaufen nach dem gleichen Muster: intensiv-explosiver Beginn, dann rasche Abflachung: »In der Beziehung zu meinenFreunden wollte ich immer mehr als diese selbst, vielleicht waren sie auch überfordert. Langeweile ist etwas Schreckliches.«

Katjas Suizidgefährdung hatte also mit einer schweren Erschütterung ihres brüchigen Selbstwertgefühles, das heißt mit einer narzißtischen Kränkung zu tun. Ihr Problem war, daß sie sich selber nur aushalten konnte, wenn sie erfolgreich war, bewundert wurde oder »irgendwas los war«.

Ihre narzißtische Dauerproblematik aufgrund des brüchigen Selbstwertgefühles versuchte sie durch Erfolg »in den Griff zu kriegen«, wobei die Vorstellung, in einer

Werbeagentur zu arbeiten, ihren Grandiositätsträumen und ihrem tatsächlich vorhandenen Talent entgegenkamen. Nur verschärfte sich hier die narzißtische Problematik um ein Vielfaches, als ihre Entwürfe – und darunter auch die ganz brauchbaren – abgelehnt wurden. In ihrem Erleben stellte dies eine massive Kränkung dar.

Diese Desillusionierung in der Werbeagentur war für sie derart vernichtend, daß sie ihren hilflosen Zorn in ihrer Phantasie nur noch gegen sich selbst richten konnte. Dies vielleicht auch aus der Vorstellung heraus, sich damit einen Rest von Handlungsfreiheit zu bewahren.

Vermutlich stimmte Katjas Meinung, daß nicht wenige in dieser Agentur – einschließlich der Stars – an einer narzißtischen Entleerung litten. Das heißt, daß sie ständig von einem »narzißtischen Tod« bedroht waren und gegen diese Todesfurcht nur ankämpfen konnten, indem sie in Konkurrenzsituationen immer die besseren sein und andere entwerten mußten. Sie *mußten* gegenüber Kolleginnen und Kollegen solange agieren, bis sie den vermeintlichen Erfolg vor Augen hatten. Die Freiheit, nicht zu handeln, zu überdenken, was ihnen selber »gut tut«, hatten sie dabei schon lange verloren. Dementsprechend war es den Mitarbeitern der Werbeagentur auch kaum möglich gewesen, Katja in ihren Nöten wahrzunehmen, sie als Anfängerin in einer annehmenden Weise zu ermutigen, sozusagen »an die Hand zu nehmen«.

Katjas Lebensweg ähnelte in dem Zwang, kreativ sein zu müssen durchaus dem, was Wiebke erlitten hatte. Allerdings kannte Katja keine Askese wie Wiebke. Vielmehr war ihr von Kindesbeinen an vertraut, gegen die Langeweile zu konsumieren. So wie zunächst erst ihre Puppen, konsumierte sie später das Reiten, die Reisen, Kleidung und Partnerschaften. Die erregende Anspannung, der thrill des Neuen war jedoch stets rasch verflogen. Auch gab es nur selten eine beglückende Entspannung im Sinne des flow. Denn ihre Konsumartikel purzelten geradezu auf sie herab. Da war wenig Eigenes, das sie in den Konsum mit einbrachte.

Dennoch: im Malen und Gestalten eigener Entwürfe[5] erlebte sie sehr wohl thrill und flow. Eben dies dann auch ohne darauffolgende Lobeshymnen für ihre Produktionen. Ein kritisches Interesse als Resonanz genügte ihr schon.

Als aber das »Gesunde« und Lebendige in ihr, nämlich ihre Fähigkeit zu eigenen schöpferischen Entwürfen, systematisch entwertet wurde, ereilte sie der »narzißtische Tod«.

Die Wende in der Therapie trat übrigens erst dann ein, als sie sich ihrem Ureigensten – ihren Träumen – widmen konnte. So träumte sie vom Schwimmen und Plantschen und wie sie einen kleinen Jungen (»ein Teil von mir selbst«) vorm Ertrinken rettete. »Der wollte schwimmen, hatte aber zu viel Wasser geschluckt«.

Die Grauen Herren und Damen, die Katja vor allen Dingen in der Werbeagentur hatten »absaufen« lassen, hatten nicht zu erfassen vermocht, was ihr damals »gut getan« hätte. Selber im Entwerfen von Werbegags scheinbar schöpferisch tätig, waren eben diese in ihrem eigenen Handeln *nicht frei*. Denn wehe, wenn es den Grauen Gestalten in der Werbung nicht gelingt, den Bedarf für das Produkt ihres Auftraggebers zu steigern, die Konkurrenz auszustechen.

Konkurrenz erscheint in dem Zusammenwirken von Produzenten, Werbefachleuten und den Konsumenten, die die »Freiheit« haben zu entscheiden, welchem Produkt über welche Werbung sie nun den Vorzug geben, als stimulierende, aber rasch auch als tödliche Droge. Der Wettbewerb, so scheint es, frißt seine eigenen Eltern.[6]

Dieser Satz gilt nicht nur im Hinblick auf Karriere und Geld. Schöpferisches Handeln als Zwangsveranstaltung, als »machen und siegen müssen«, läßt verarmen, entleert. Die innere Motivation stirbt. Und die Abhängigkeit von äußerem wirtschaftlichen Erfolg sowie sozialer Anerkennung wird dabei immer größer. (Wehe, wenn diese ausbleiben.)

Die ungeheure Kraft im spielerisch-schöpferischen Handeln wird in ihren positiven Auswirkungen – z.B. als innere Motivation – nur freigesetzt, wenn eben dieses Handeln nicht unter der Herrschaft äußerer oder verinnerlichter Grauer Herren steht. Es ist eine tragische Verwechslung zu meinen, daß schöpferisches Handeln unter der Einwirkung von Konkurrenz und Leistungsnachweis für die Entfaltung der Persönlichkeit ebenso förderlich sei wie spontanes Handeln oder sogar noch förderlicher. Dies gilt dann insbesondere für das spielerisch-schöpferische Handeln im Kindes- und Jugendalter bis zur Pubertät.

Eine Grauzone für die Freiheit des spielerisch-schöpferischen Handelns im Hinblick auf die Grauen Herren tut sich da auf, wo das Talent, die Neigung, das Hobby später zum Beruf wird.

Hätte es anders laufen können als bei Katja und Wiebke, oder ist die Welt der vermarkteten Talente durchgängig gnadenlos und mit Krankheit darauf zu reagieren eher ein Zeichen von Gesundheit? Was wäre aus Katja geworden, wenn sie länger »durchgehalten« hätte?

Die Antwort, die entlang der Thesen von Günter Anders[7] hierzu formuliert werden kann, ist eindeutig: Das Machen-müssen – im Unterschied zum eigenbestimmten schöpferischen Gestalten – ist nach Günter Anders im wesentlichen Folge und Ausdruck des alles bestimmenden Maschinentaktes der Gegenwart. Es gibt dabei keine Selbstfindung und Selbstverwirklichung. Bissig und in düsteren Farben beschreibt Anders zunächst unter dem Stichwort »Zweite industrielle Revolution« den Verlust menschlicher Eigenbestimmung und Eigengestaltung. Die Produkte sowie deren »arbeiterlos« funktionierende Herstellungsgeräte spannten den Menschen gnadenlos in einen Produktions- und Anwendungskreislauf ein. Der Mensch werde so vom Gestalter zum, wenn überhaupt, bloßen Mitgestalter seines eigenen Lebens und seiner Geschichte degradiert. Seine Hauptaufgabe bestehe nur noch im Konsumieren. Günter Anders formuliert hierzu: »Die meisten Produkte hungern nach Konsumiertwerden. Damit sie auf ihre Rechnung kommen, muß ein weiteres Produkt (zweiten Grades) erzeugt und zwischen Produzent und Mensch gezwängt werden und dieses Produkt heißt ›Bedarf‹.[8] Industrie, die den Hunger der Waren nach Konsumiertwerden und unseren Hunger nach diesen auf gleich bringen soll, heißt Werbung.« Innerhalb dieses Prozesses hätten nach dem bisher Gesagten Homo ludens und Homo faber auch keine Chancen mehr für ihr konstruktives Zusammenspiel. Auch Katjas Schicksal mag dies verdeutlichen.

Homo faber ist nach Günter Anders heute mehrheitlich zum Wurmfortsatz der Technik verkommen. Als »Automatenhirte« gehe er vorwiegend einer »untätigen Tätigkeit« nach, die alsbald auch von einem weiteren Automaten übernommen werden könne. Nur eine Minderheit habe sich vom Homo faber zum »Homo creator« (Schöpfermensch) verwandelt. Gemeint ist damit das gottähnliche Wirken des Homo faber als Schöpfermensch, der über

Atomkern und Zellkernspaltung in einer dritten technischen Revolution die Welt unwiderruflich verändert habe.[9]

Und eben diese unwiderruflich veränderte Welt vergiftet – um unseren Faden wieder aufzunehmen – den Entfaltungsprozeß von Homo ludens und Homo faber:

– Unmittelbar durch die Eingrenzung sinnlicher Wahrnehmung, Bewegung und Phantasie auf das, was technische Geräte jeweils noch erlauben – wie beim Gerätehirten vor dem Apparat oder dem spielenden Kind auf der verkehrsreichen Straße.

– Mittelbar durch Verarbeitung, bzw. Abwehr der Angst nach der dritten technischen Revolution – wie der Angst vor zivilen/militärischen atomaren Katastrophen oder anderweitigen (Um-)Weltzerstörungen.

Als wesentlicher Abwehrmechanismus gegenwartstypischer Ängste erscheint der Glaube an Leistung, dem annäherungsweise schon die Bedeutung einer Ersatzreligion zukommt. Und es sind eben die hohen Priester dieser Ersatzreligion, die als Graue Herren immer mehr in die kindliche Welt des Spielens eindringen.[10] Die Folgen der technischen Revolution auf den Menschen lassen sich nach Günter Anders nicht mit herkömmlicher Psychologie erfassen. »Erforderlich wäre eine psychologische Sonderdisziplin, deren erste Aufgabe darin zu bestehen hätte, unsere Beziehungen zu unserer Ding-, namentlich zu unserer Apparatewelt zu erforschen; wozu auch die Beziehungen der Dinge zu uns gehören würden – womit freilich nur gemeint sein kann: die Art, in der wir uns von unseren Dingen behandelt vorkommen.« Ausgangspunkt für die Überlegungen waren die Beobachtungen, die Anders am Verhalten von Arbeitern in japanischen Spielhöllen machte.

Dazu mehr im nächsten Kapitel. Danach geht es noch

einmal um den Homo creator – auch in seiner Erscheinungsweise als Arzt.

1 »Produkt« taucht hier in zwei Bedeutungszusammenhängen auf. Einmal das Produkt, das ich als Ware käuflich erwerbe und konsumiere und zum anderen das Produkt als Ergebnis eines schöpferischen Prozesses wie z.B. ein Bild, Gedicht, selbstgestrickte Socken ... Gerät das schöpferische Produkt unter die Herrschaft eines wertenden Introjektes, wird die Freude am schöpferischen Prozeß einschließlich der inneren Motivation auf Dauer zerstört. (S. Kap. 4-6) Das Bedürfnis, schöpferisch zu handeln verkümmert dann zum Kaufrausch, die Abhängigkeit vom käuflichen Produkt ersetzt als äußere die innere Motivation. Selbstverständlich aber: auch ein Produkt als käufliche Ware kann schöpferisch eingesetzt werden.

2 Ein spannender Versuch, gegen die Produktherrschaft Abwehrkräfte zu fördern, d.h. zu »immunisieren«, stellt der spielzeugfreie oder spielzeugverminderte Kindergarten dar. Wenn diese mit viel Engagement gestarteten Projekte ohne ideologische Verbissenheit – das Fremdprodukt als »Feind« – verwirklicht werden und die Erzieherinnen akzeptieren und verkraften können, daß sie aufgrund der vielfältigen »Produkt-Entzugserscheinungen« zunächst mehr gefordert sind als bislang, dann könnte auf diesem Wege schon einiges erreicht werden. S. hierzu auch: Das Projekt und Konzept sinnvolles Spielerleben ohne »Zeugs«, Projektbericht der Kinderstätte Hl. Kreuz, Forsterhöhe 2, Saarbrücken sowie die Informationsbroschüre zum spielzeugfreien Kindergarten bei: Aktion Jugendschutz, e.V., Landesarbeitsstelle Bayern, Fasaneriestr. 17, 80636 München.

3 Solch ein verinnerlichter befehlsartiger Satz macht dann den jeweils persönlichen Eigenanteil des »Konsum-Terrors« aus – um ein Schlagwort aus der Mitte der sechziger Jahre zu verwenden.

4 »Verzweifelt sich selbst loswerden wollen ist die Formel für alle Verzweiflung...« Aber: der Verzweifelnde will doch in diesem Zusammenhang nur die »Krankheit im Selbst«, das er ist, loswerden, »um das Selbst zu sein, wonach er selber getrachtet hat...« (Sören Kierkegaard. Die Krankheit zum Tode, Reinbek 1962)

5 Entwurf als Zusammenspiel zwischen Homo ludens und Homo faber siehe Kap. 8

6 Ich hatte Katjas Geschichte vor einiger Zeit als Diskussionsbeitrag in einer Fachzeitschrift für die Werbewirtschaft veröffentlicht (Insight Kommunikation, 7/93). Die mir bekannt gewordenen Reaktionen der Leser dieser Zeitschrift waren zustimmend.

7 Die »Antiquiertheit des Menschen, Teil II, über die Zerstörung des Lebens im Zeitalter der dritten industriellen Revolution«, 1980

8 In unserer Begrifflichkeit entspricht es dem Produktintrojekt (E.S).

9 In dieses Wirken geht entlang der Thesen dieses Buches selbstverständlich auch der Homo ludens mit ein.

10 Siehe hierzu auch Schiffer, E. (1990): Der entfremdete Hunger.

15.

Von Freizeitparadiesen und anderen Spielhöllen

»Der Mensch erobert seine eigene Endlichkeit. Er demoliert den Spielraum der Phantasie. Das muß zu einem ungeheuren Umschlag in seinem Selbstverständnis führen und wird für die innere Situation des Menschen in der Zukunft der technischen Welt der alles beherrschende Tatbestand sein.«

Georg Picht

Was also ist in den japanischen Spielhöllen zu beobachten? Was spielt sich zwischen japanischen Arbeitern und ihren Flipperautomaten ab? Günter Anders beschreibt die Situation als »Stunde der Rache«: Der zum Gerätehirten degradierte Homo faber schlägt zurück. Und wir würden in unserem Zusammenhang noch ergänzen: gemeinsam mit Homo ludens.

Worum geht es im einzelnen bei den Beobachtungen, die Günter Anders machte? Zunächst um die Arbeitssituation des japanischen Homo faber als Maschinenhirten, den das, was die Maschine als Produkt ausspuckt, überhaupt nichts angeht. Nur für eine kurze Teilstrecke des Produktionsprozesses ist er als Hirte jeweils zuständig.[1] Homo faber erscheint hier als Gerätehirte, der oft sich selbst noch nicht einmal in seiner Muskeltätigkeit bei der Arbeit wahrnimmt, dabei sowohl um den Prozeß als auch um das Produkt seiner Arbeit betrogen wird.

Mit diesem Frust wird er Tag für Tag in seinen Feierabend entlassen. Und vor dem Fabriktor warten in den Spielhallen schon die chromblitzenden »Schwestern« der Produktionsgeräte, von denen er sich als Hirte gerade verabschiedet hat. Diese chromblitzenden Schwestern flüstern ihm zu: »Wenn du mich richtig bedienst, kannst du haben, was du willst, dann bin ich dir gefügig und laß dich auch spüren, was Du kannst. Die Chancen dafür sind zwar gering, und du mußt auch kräftig zahlen... Aber erinnerst du dich nicht daran? War es nicht ein berauschendes Erlebnis, als es dir mal gelungen ist, mich richtig zu bedienen?«

Welches Erlebnis kann der chromblitzende Apparat meinen? Anspannung (thrill) und beglückende Entspannung (flow) sicherlich. Nach eigenem Gutdünken (vermeintlich) den Prozeß gestalten und endlich mal die Chance zu haben, über das Produkt (die Punktzahl am Flipperautomat) verfügen zu können wohl auch.

Ausdrücklich betont Anders, daß es sich hierbei trotz aller sexuellen Einfärbungen nicht um eine Ersatzhandlung, sondern um eine primäre Beziehung zwischen Mensch und Maschine handele, die beide über Stunden tagtäglich zusammenbringe. Der Arbeiter, der meint, hier endlich das zu finden, was die Maschine während der Arbeit ihm verweigert, wird jedoch erneut betrogen. Für seine vermeintliche Rache muß er noch draufzahlen. Thrill und flow sind ihm nur noch maschinell möglich. Er bleibt Sklave.[2]

Vieles von dem, was Anders schon vor Jahrzehnten (1958/1961) als japanisches Alltagsphänomen beschrieben hat, wird bei uns heute als krankhafte Automatenspielsucht bezeichnet.

Allerdings wissen wir von unseren spielsüchtigen Patienten auch, daß ihre jeweilige äußere berufliche Situation sich doch häufig von der der japanischen Industriearbeiter unterscheidet.

Es ist dann aber die *innere* Situation, die mit ihren Leistungs- und Produktintrojekten die äußeren Prozesse und Produkte entwertet: Was ich beruflich jeweils auch mache, immer wieder werde ich mich in meinem Tun ähnlich wie der japanische Arbeiter als entwertet erleben.

»Auch wenn ich früher genau das gemacht hatte, was ich sollte, nie war das (Ergebnis) in Ordnung, immer war mein Bruder besser. Wenn ich (später) von Lehrgängen kam, war ich nie zufrieden, obwohl ich eigentlich bestanden hatte. Ich hatte nie das Empfinden, etwas erreicht zu haben, auch mal zufrieden sein zu können.«

Präziser konnte es der junge Justizbeamte nicht formulieren. Spielsüchtig war er schon seit Jahren.

Erinnert sei auch an die Episode aus dem Zeichenunterricht (Kap. 4): Boris fand sein Bild »saublöd«, konnte nicht zufrieden sein, weil er schon seit geraumer Zeit von dem Leistungsintrojekt beherrscht wurde.

Entlang der Thesen von Günter Anders stellen sich die Leistungsintrojekte heute so gnadenlos dar, weil der Mensch immer mehr mit einer Maschine verglichen und daher von ihm auch die Präzisionsarbeit einer Maschine verlangt werde. Was plausibel erscheint, wenn wir an Redewendungen denken, wie »Ich gehe zum TÜV«, womit eine ärztliche Vorsorgeuntersuchung gemeint ist, und »Meine Festplatte ist voll«, wenn wir uns in unseren Gedächtnisleistungen überfordert fühlen.

Oder wenn wir sagen: »Die Pumpe streikt« und dabei vom Herzinfarkt reden. Die Reihe ließe sich beliebig fortsetzen.

Diese am Maschinenideal ausgerichteten Introjekte beschämen uns ständig, da wir selbstverständlich nie genügen, auch wenn wir zum doping – welcher Art auch immer – greifen.

Fatalerweise werden die äußeren Bedingungen am Arbeitsplatz – aber auch anderenorts wie z.B. am Fahrkartenautomaten – immer mehr auf einen maschinenmäßig funktionierenden Menschen abgestellt. Wenn wir dann meinen, aus dieser Situation in die Freizeit entwichen zu sein, tragen wir das innere Maschinenideal auch noch in die Freizeit mit hinein. Und treffen wieder auf Maschinen, die den vermeintlich spielerischen Prozeß bestimmen: Ob im Freizeitpark mit Riesen-Looping oder beim Computerspiel – die Freizeitsuchenden und Spielenden befinden sich immer wieder in der Situation des Gerätehirten, dessen Aktionen vom technischen Gerät oder der Software bestimmt werden.[3] Das gleiche gilt natürlich auch für cyber space und das phantastische Erleben scheinbarer Realität.

Unversehens finden wir uns erneut in einer Situation wieder, die eine verblüffende Ähnlichkeit mit der harmonischen Verschränkung aufweist: Es besteht kein bedeutsamer Unterschied zwischen den (scheinbar, E.S.) eigenen Interessen und denen der (technischen, E.S.) Umwelt.

Aber schon bei den Möglichkeiten der elektronischen Medien, sowohl das Fernweh wie auch das Heimweh nach Geborgenheit in der harmonischen Verschränkung zu bedienen, sahen wir bereits die negative Seite der Medaille: ein Abgleiten in Passivität oder Konsumieren als letzte Aktivität.

Auch wenn harmonische Verschränkung und Abenteuerlust, Heimweh und Fernweh in der Welt der Spielmaschinen so wie bei den elektronischen Medien gleichzeitig angesprochen werden, so fehlt doch immer noch etwas Entscheidendes: Von der passiven Aufnahme äußerer Eindrücke spontan nach innen schwingen zu können und die inneren Antworten und Bilder zu den äußeren Eindrücken wahrzunehmen – für den Bruchteil von Sekunden oder auch länger verweilend. Gemeint ist ein Hin und Her, ein Schwingen von außen nach innen und zurück, das sehr oft nur unterschwellig verläuft, jedoch für die Qualität des Wahrnehmungsprozesses von entscheidender Bedeutung ist. Ob wir vor dem Fernseher einen Abend zubringen und pausenlos dem Takt der Programme ausgesetzt sind oder ins Kino gehen und auf dem Nachhauseweg über das Gesehene ins Gespräch kommen, macht schon einen deutlichen Unterschied.

Bei diesem Hin und Her zwischen äußerer und innerer Wahrnehmung wird die äußere Wahrnehmung um die innere bereichert und umgekehrt. Das geht aber nur, wenn ich selber Dauer und Intensität der von außen kommenden Wahrnehmungen noch einigermaßen bestimmen kann – siehe unser Beispiel des Kinobesuches.

Weil aber in der Welt der elektronischen Medien und Maschinenspiele uns deren eigener Takt aufgezwungen wird, bleibt dieses Hin- und Herschwingen entlang unserer eigenen Bedürfnisse aus. Die äußeren Eindrücke werden nicht um die dazu jeweils passenden inneren Sinneseindrücke bereichert. So bleiben die äußeren Eindrücke auf Dauer fade und langweilig. Auch deshalb müssen die von dem Maschinentakt gesteuerten Eindrücke immer reizintensiver werden, um noch »zu schocken« – notfalls bis zum Brechreiz. Wie Jahrmarktsmaschinen und Horror-Videos uns heute schnell erfahren lassen.

Auch der Sensations- und Rekordkult, Guinness-Buch der Rekorde inklusive, gehören dazu. Hier findet das »Höher – Schneller – Weiter« ein weiteres Motiv.

Der als Rekord geplante, jedoch tödlich endende Flug der erst siebenjährigen Amerikanerin Jessica Dubroff sei eine Idee ihres Vaters gewesen, erklärte die junge »Pilotin« einen Tag vor dem Todesflug im April 1996. Diese Unternehmung sei »Teil der Familienphilosophie zur Vorbereitung auf ein selbständiges Leben und zur bewußten Wahl eigener Erfahrungen. Jessicas Mutter, die das Mädchen und ihren geschiedenen Mann in Massachussetts an der Ostküste erwartet hatte, sagte unterdessen, daß Fliegen ›die Freude im Leben ihrer Tochter gewesen sei.‹« (Neue Osnabrücker Zeitung vom 13. April 1996)

Das spontane Empfinden für Zuträglichkeiten, also für das, was meinen Mitmenschen – und sogar auch meinen Kindern – »gut tut«, geht offensichtlich verloren. Deutlich wird dies auch in den gegenwärtigen Talkshows: »Psychen werden zertrümmert. Beziehungen explodieren. Es wird geheult. Geschrien. Geschlagen. Und inmitten dieses Infernos moderiert Ricki Lake, 26, mit einem ernsten und Mitgefühl verheißenden Gesicht. ›Vielleicht ist es ja wahr, daß sie dich nicht hätte anlügen sollen, aber es stimmt doch, daß du mit ihrer Mutter geschlafen hast?‹ fragt Lake den vor ihr auf einer leicht erhöhten Bühne sitzenden jungen Mann. Seine Freundin macht ein verletztes Gesicht. Der Augenblick wäre delikat genug im Behandlungszimmer eines Therapeuten. Tatsächlich spielt er sich in einem Fernsehstudio in New York vor Studiogästen ab, die nun zu buhen beginnen, sich gründlich aufregen und zugleich lustvoll verfolgen, wie die beiden Gäste aufeinander losgehen. Tage später wird ein Millionenpublikum die Aufzeichnung sehen. Ricki gefällt der Kladderadatsch; fünfmal die Woche lebt sie prächtig von anderer Leute Emotionen und schmutziger Wäsche. Es will sich, sagt sie, ›Gehör verschaffen, und manchmal ist es dabei ein bißchen grob‹.

Aber grob ist alles in Amerikas neuesten TV-Talkshows. (...)

Trash-Talk verkauft sich wie warme Semmeln. Werbezeiten sind ausgebucht, der Zaster liegt sozusagen auf der Straße.« (Spiegel special 8/1995)

Die innere Welt mit ihren Antwortmöglichkeiten auf äußere Wahrnehmungen verarmt immer mehr.[4] Um so mehr bedürfen wir dann der fremdbestimmten intensiven äußeren Reize. Der eigene Takt wird vom Maschinentakt unterdrückt. Ob Arbeit oder Freizeit – der Betrug um die Erlebensmöglichkeit aus der inneren Welt heraus ist annähernd der gleiche.

Dieser Betrug läßt die Innenwelt verstummen. Wie unsere Beispiele zeigten, geht damit auch immer mehr die Fähigkeit verloren, zu erspüren und zu erkennen, was unserem Gegenüber »gut tut«.

Verkürzt: Wenn mein eigenbestimmter Takt durch einen Maschinentakt übertönt wird, verliere ich auch die Fähigkeit, mich dem Du gegenüber taktvoll zu verhalten. Und offensichtlich geht mit dem Takt auch der Respekt verloren.

Beschädigt wird die kindliche Seele nicht nur durch unmittelbare Gewalteinwirkung (»Seelenmord«), sondern auch indem existenzielle kindliche Bedürfnisse wie z.B. das Spielen dem Maschinentakt unterworfen werden. Und nicht zu weit hergeholt erscheint die Vermutung, daß zertrümmerte Schamgrenzen, Beziehungsverlust und der Eintausch menschlicher Würde gegen den maxi-thrill sich in der sexuellen Gewalt gegen Kinder fortsetzen: »Bayerisches Paar bot im Internet Kinderfolter an. Sogar Morde sollen möglich sein.« (Neue Osnabrücker Zeitung vom 25. Januar 1997)

Umgekehrt: Der Rückfall in die Zivilisation würde mit Abschaffung der Quotengeilheit in den Medien beginnen.

Als Verknüpfung wahrgenommener Außen- und Innenwelt brachte Immanuel Kant den »bestirnten Himmel über mir und das moralische Gesetz in mir« in einem Satz unter: Verbunden war für ihn damit »das Bewußtsein meiner Existenz«. Zweihundert Jahre ist das her. Mit der Wahrnehmung des Sternenhimmels sind mittlerweilen jedoch zwei wesentliche Änderungen eingetreten:

– Er bewirkt nicht mehr das Gefühl für das, was Kant meinte,

– und das, was Kant meinte, wird heute – wenn überhaupt – nur noch ironisch verstanden. Gemeint ist das »Erhabene« in der Natur, das überaus Große, das zum Innehalten und Nachdenken führt.[5]

Statt des Erhabenen gibt es heute die Sensationen. Und dazu taugt die Naturbetrachtung nicht. Und was Sensationen sind und auch einen Anspruch hat, in das Guinness-Buch der Rekorde zu kommen, wird an dem Ideal der Maschinentechnik gemessen.

Besonders eingespannt in diesem Prozeß erscheint heute die Gestalt des Arztes, bzw. der Ärztin, hier auch in der Funktion als »Homo creator«. Dazu jetzt mehr im nächsten Kapitel.

1 Dies aber nicht im bereits erwähnten Sinne des Homo ludens, für den ebenfalls das Produkt zunächst weniger zählt als der Prozeß. Der Homo ludens gestaltet den Prozeß frei nach seinen eigenen Motiven. Er ist nicht wie der Maschinenhirte Sklave eines Programmes, durch das der Prozeß bit für bit gesteuert wird.

2 An dieser Stelle ein kleines Augenzwinkern: Am Flipperautomaten – insbesondere mit anderen zusammen – spielen, kann (und darf) auch Spaß machen, sofern das Spielen nicht, wie bei Anders geschildert, aufgrund der fatalen Ausgangsmotivation mit so viel Verbissenheit und zunehmender Vereinsamung einhergeht. »Geeignet/ungeeignet-Kriterien« des Spielens ergeben sich mit Beantwortung der Frage, ob die Ich-Entfaltung durch das Spielen gefördert oder eingeschränkt wird.

3 Und wie ist es mit Techno? Hier verschmilzt der Homo ludens sogar mit der Maschine und deren Rhythmus – und sei es mit der Zuhilfenahme von Ecstasy. Jedoch: Ursprünglich haftete Techno durchaus etwas Parodistisch-Subversives an – ähnlich dem Karneval und den Karnevalsumzügen. Mit zunehmender Vermarktung allerdings wird dieses Moment – wie beim Karneval – immer mehr zurückgedrängt.

4 Aber nicht nur in den Vereinigten Staaten. Auch in manchen deutschen Talkshows werden ähnlich grobe Mittel eingesetzt.

5 Genauer: das »dynamisch Erhabene« (Kritik der Urteilskraft)

16.

Homo creator (Schöpfermensch) und der Tod

»Aus medizinsoziologischen Untersuchungen ist gut bekannt, daß Ärzte sich – verglichen mit der ›Normalbevölkerung‹ – durch eine höhere Todesfurcht (und eine frühere Sterblichkeit!) auszeichnen. Manipulation am Leben und Leiden der anderen als bannendes Zaubermittel gegen den eigenen Tod?«

Till Bastian

Von Schulnoten zeigte sich mein alter Anatomielehrer Alkmar von Kügelgen nicht sonderlich beeindruckt. Ein Musikinstrument sollte jemand spielen können, der Arzt oder Ärztin werden will, und in seinem Leben schon mal eine konkrete soziale Verantwortung übernommen haben, war seine Meinung. Als Vorsitzender des Medizin-Prüfungsausschusses war von Kügelgen in den 60er Jahren zugleich federführend im Zulassungsverfahren für das Studium der Medizin an der Universität Kiel.

Um zu begreifen muß man be-greifen. So mußten wir als Studenten in Kiel die hochkomplizierte Schädelbasis mit all ihren Kanten, Vorsprüngen, Dornen, Öffnungen und Kanälen aus Knetgummi nachbilden, um zu be-greifen. »Lassen Sie sich Zeit dabei, dann werden Sie die Schädelbasis auch nicht so schnell vergessen«, brummelte er, womit er Recht behielt.

Obgleich von Kügelgen in den Prüfungen gefürchtet war, genoß er bei den Studenten großes Ansehen. Er war einer der wenigen Hochschullehrer, der zu seinen Studenten noch ein persönliches Verhältnis entwickeln konnte – trotz seiner brummig-sarkastischen Art: »Kommen Sie mal wieder, wenn Sie sich das noch ein bißchen mehr angesehen haben«, war sein Kommentar, wenn er beim Anatomietestat oder in der Physikumsprüfung mit den Kenntnissen des Kandidaten nicht einverstanden war. »Und ich vergesse auch, daß Sie heute bei mir waren …« – der Schalk blitzte ihm dabei aus den Augen. »Bevor Sie lossäbeln, vergegenwärtigen Sie sich, daß Sie an einem toten Menschen lernen, dem Sie Respekt und Dank schulden«, ermahnte er uns zu Beginn der ersten Präparierübungen an der Leiche.

Natürlich wurde trotzdem kräftig und zynisch gewitzelt, um innerlich Distanz herstellen zu können, obgleich die formalingetränkten Körper selbst schon eine merkwürdige Distanz zum Tod wie zum Leben herstellten.

In den Übungen wie in der Prüfung verlangte von Kügelgen häufig eine »Anhiebsdiagnose«. Nur ein kurzer Blick auf das anatomische Präparat oder ins Mikroskop wurde gestattet. Dann mußte nach einer Beschreibung dessen, was man gesehen hatte, eine Vermutung über die Herkunft des Präparates oder des Gewebes geäußert werden. »Und nun sehen Sie sich das Ganze mal genauer an. Können Sie Ihre Vermutung bestätigen oder nicht, was ist es dann und warum?« Erst später wurde mir klar, daß er in den verhältnismäßig trockenen vorklinischen Paukfächern Histologie und Anatomie genau die Wahrnehmungs- und Denkweisen einübte, die später auch im klinischen Alltag die Regel sind: Wahrnehmung als kurzen Gesamteindruck. Verknüpfung dieser mit den dazukommenden inneren Bildern, daraus wird die »rechtshirnig« vorgenommene »Anhiebsdiagnose« (siehe Kapitel 9). Überprüfung dieser dann an den »linkshirnigen« Detailwahrnehmungen und Verbindung der Einzeleindrücke vor diesem Hintergrund zu einem neuen »Diagnoseentwurf«.

Auch hier also ein Schwingen der Wahrnehmung zwischen Innen und Außen und eine Beziehung zwischen Homo faber und Homo ludens, wie wir sie schon bei dem Thema »Entwurf« kennengelernt haben. Natürlich muß bei der »klinischen Diagnose«, also bei der Diagnostik am lebendigen Menschen, noch die Überlegung mit eingehen, was an weiteren diagnostischen und therapeutischen Schritten dem Patienten jeweils »gut tut«. Und das ist manchmal problematisch: »Der Philosoph Rainer Otte hat bei einer Tagung im April 1994 den Fall eines 77 Jahre alten Patienten zitiert, der bei seiner Einweisung in die Klinik noch 100 Tage zu leben hatte – und in dieser Zeit 56 Röntgenuntersuchungen, 3 Computertomographien, Dutzenden von EKG'en und mehrere Magenspiegelungen über sich ergehen lassen mußte« (nach T. Bastian, in: Psychologie heute 2, 22. Jg.)

Nach innen schauen, um für die weiteren Handlungsweisen klarzubekommen, was dem Patienten »gut tut« – wie soll das gutgehen, wenn mein eigener Takt und der meiner Wissenschaft von einem Maschinentakt bestimmt wird?

Kriterien für die Zulassung zum Medizinstudium waren bislang nicht musische und soziale Entfaltung, sondern der Abiturnotendurchschnitt sowie die bundeseinheitliche Prüfung für die Zulassung zum Medizinstudium, der »Mediziner-Test«.[1]

Und gerade diese Prüfung fragte ausschließlich nach den Fähigkeiten intelligenter Maschinen. Die produktive Einbildungskraft, die Phantasie als Voraussetzung, sich in die Lebenswelt eines Menschen hineinbegeben zu können, um zu verstehen, was diesem guttun könnte, war ausdrücklich nicht gefragt.[2]

Wenn nun zu den Grundmotiven des angehenden Mediziners gehört, anderen helfen zu wollen, so muß dieses Motiv schon während des Studiums und auch später in die Irre führen, da letztlich Maschinenideal und Maschinentakt bestimmen, was mit dem Patienten geschieht. Und wenn unter meinem Motiv, anderen helfen zu wollen, noch das Motiv liegen sollte, mir selber in meiner Todesfurcht und Zerbrechlichkeit helfen zu wollen – über die an anderen praktizierte Hilfe – so würden dann auch hier Maschinenideal und -takt bestimmen, welche Hilfe mir zuteil wird. Unter diesen Voraussetzungen ist der Arzt nicht weniger um den ursprünglichen Lebensentwurf betrogen als der japanische Arbeiter.

Und wie sieht seine/ihre Rache aus? Welche Maschine dient sich ihnen an, von ihnen manipuliert und beherrscht zu werden? Die Körpermaschine. Ihren Mechanismen ist man auf der Spur. Nicht nur Fortpflanzungsmedizin und Gen-Technologie, auch Transplantations- und Organersatzmedizin sind hier wegweisend.[3]

Aber der Arzt will die Körpermaschine nicht nur beherrschen. Sein ursprüngliches Motiv war vielleicht die eigene Todesfurcht. Und die kann er nur überwinden, wenn er nicht nur leistungsfähige Maschinen entwickeln und vorzeitige Defekte beheben kann, sondern die Illusion hat, ihr Ende, sprich ihre Sterblichkeit »in den Griff« zu bekommen. Wann das Leben entsteht und wann es vergeht, bestimmt er: Homo creator, der Schöpfermensch.[4]

Aber auch der Schöpfermensch ist nicht frei. Wenn sein Grundmotiv die Todesfurcht ist, so muß er ständig handeln, um mit der Illusion der Gottgleichheit gegen diese Todesfurcht anzugehen.

Er kann nicht »nicht handeln«. Aber Kreativität, zu der ich gezwungen bin, ist ein Widerspruch in sich selbst. Zum schöpferischen Handeln gehört die Freiheit zur Pause, zur Muße, zum Verweilen und zum Schauen, ob es »gut ist« und »gut tut«. Der Schöpfergott ruhte am siebten Tage, so die Bibel, Genesis zwei. Der Schöpfermensch kann es nicht.

Natürlich gibt es Besessenheit, Eifer, »Brutfieber«. Jedes »Sich-Verlieren im Intermediärraum« gehört dazu – aber die »schöpferische Pause« stellt sich dann doch irgendwann ein, wenn das Handeln nicht zum Selbstwiderspruch führen soll.

Nun gibt es gerade bei dem Homo creator nicht nur die Todesfurcht im wortwörtlichen Sinne, sondern auch die »narzißtische Todesfurcht«: Nur so lange ich wirke und in meinem Handeln im Vergleich zu anderen erfolgreich bin, kann ich mich akzeptieren, halte ich mein Leben für lebenswert. Vielleicht hat es damit zu tun, daß Aktivität von dem Maschinentakt ablenkt, dem ich mich im Grunde ausgeliefert fühle. Sehr viel hat dies auch mit den verinnerlichten Grauen Herren, den Leistungsintrojekten zu tun. Und die wiederum sind am Maschinenideal ausgerichtet.

Handeln unter dem Motto »damit irgend etwas geschieht«, ist in der Ärzteschaft nicht neu.[5] Es dient zur Beruhigung des Patienten, seiner Angehörigen sowie des Arztes und schließt unter ärztlichen Kollegen das unausgesprochene Eingeständnis der Hilflosigkeit mit ein. Das Motto stammt von dem römischen Schriftsteller Lactantius (250–317 n.Chr.). Er proklamiert einen »Entlastungsaktivismus« (T. Bastian), in dem das Handelnkönnen wichtiger als Inhalt und Ziel des Handelns selbst erscheint.

Den positiven Aspekt dessen haben wir im Zusammenhang mit der »Wandlung vom erleidenden Objekt der Gewalteinwirkung zum aktiven Subjekt der Handlung« kennengelernt. Der fragwürdige Aspekt erscheint in der Unfähigkeit, auf Handeln sinnvoll verzichten zu können. Was besonders dann passiert, wenn nicht mehr mein eigener Takt mein Handeln bestimmt, sondern der Maschinentakt und das Maschinenideal. Hierüber werden dem Arzt notwendige ethische Entscheidungen – scheinbar – abgenommen.

Ein vorläufiger Gipfelpunkt in dieser Entwicklung ist derzeit mit dem sogenannten – 1997 ins Gerede gekommenen – Todescomputer erreicht. Dieser entscheidet nicht nur aufgrund von labortechnischen Meßdaten, sondern auch unter Berücksichtigung finanzieller Kriterien, ob die Behandlung weitergehen oder abgebrochen werden sollte. Eines kann der Computer jedoch nicht erfassen: Nämlich den Lebenswillen des Patienten, dessen Beziehung zu seinen Angehörigen und andere nicht meßbare Momente.

Wenn ich aber ein Instrument spielen könnte, um mit anderen zusammenzuspielen – und nicht, um die anderen zu besiegen und einen Preis zu gewinnen – ,wenn ich überhaupt mit anderen spielen könnte, und diese in ihren Entfaltungsmöglichkeiten fördern, dann wäre es vielleicht noch möglich, daß ein anderer Takt mein Handeln bestimmt. Nämlich mein eigener Takt oder der Takt, den ich meinem Gegenüber schulde. Und kein fremdbestimmender Maschinentakt.

Das ist aber nur möglich, wenn Homo faber wieder Beziehung zu Homo ludens aufnehmen kann.

Bemerkenswert erscheint, daß diese Chance von Ärztinnen und Ärzten immer häufiger aufgegriffen wird, und zwar wenn sie ihr Hochschulstudium bereits beendet und eigene konkrete Erfahrungen mit Patienten gemacht haben.

Die Motive hierfür mögen vielschichtig sein. Ein Moment wird jedoch immer wieder genannt: Die Unzufriedenheit, die Anspannung, die sich einstellten, wenn aus der Begegnung mit dem konkreten Patienten der Homo ludens – dem Maschinenideal gemäß – vollständig ausgeschlossen wird. Unter dem Motto »sprechende Medizin« proben Ärztinnen und Ärzte, ihre Patienten zu verstehen und sich im Gespräch in deren Lebenswelt hineinzubegeben. Es soll also das praktiziert werden, was Sprechstunde urspünglich meinte. Diese hat sich aber immer mehr zu einer bloßen Meßstunde gewandelt.

Geprobt werden kann diese Teilhabe an der Lebenswelt des Patienten in der Balintgruppenarbeit. Hier identifiziert sich der eine Teil der Gruppenmitglieder mit dem Arzt, der andere Teil mit dem »schwierigen Patienten«, über den zuvor der Arzt berichtet hat. Über die Phantasien zu Arzt und Patient – auch hier ist im Verbinden äußerer und innerer Wahrnehmung wieder Homo ludens im und am Spiel – wird zu dem, was Patienten und Arzt/Ärztin »gut tut« weit mehr deutlich, als die Ermittlung bloßer Meßdaten es vermag.

Eine weitere Möglichkeit insbesondere zum Verständnis von Patienten mit tiefgreifenden seelischen Konflikten und Verletzungen haben wir am Quakenbrücker Krankenhaus in den Theorieseminaren der Psychosomatischen Grundversorgung für niedergelassene Allgemeinmediziner und Fachärzte der unterschiedlichsten Richtungen geprobt: Zu einer lebensgeschichtlichen Skizze wurden Produktionen der Patienten wie z.B. Träume oder bildnerisch dargestellte Traumpassagen, Selbstbildnisse aus Ton und anderes vorgestellt.[6] Die eigenen Einfälle der Seminarteilnehmer hierzu ermöglichten, den Patienten – spielerisch – weit mehr zu erfassen, als bloße Theorie es vermocht hätte. Verblüffend war dabei auch die Spiellust der Teilnehmer und das Zusammenspiel ihrer Einfälle. Die Frauen waren dabei in der Spontaneität ihrer Einfälle immer etwas kühner als die Männer, die sich aber von der spielerischen Entdeckerlust durchaus anstecken ließen.

Ich mußte dabei immer wieder mal an meinen alten Anatomielehrer denken – und an Astrid Lindgren.

Sich spielerisch auf etwas Unbekanntes einlassen können, Eindrücke sammeln, eigene Bilder, Empfindungen äußern, Widersprüche, Ambivalenzen entdecken, zwischen der Außenwahrnehmung und der eigenen Innenwahrnehmung hin und her pendeln, läßt eine gleich zweifach wirksame Lebendigkeit sich entfalten: lebendig erscheint der Mensch, von dem zuvor eine kurze Lebensskizze sowie eine Produktion aus der gestaltungstherapeutischen Arbeit vorgestellt worden war, und sehr lebendig wirken auch die Ärztinnen und Ärzte, die nach ihrem Arbeitstag und der Anfahrt zum Seminar schon reichlich ermattet erschienen.

Der Patient, der hier lebendig wird, ist jedoch nicht das Produkt eines Homo creator, sondern jemand, der aus den vielfältigen Eindrücken und den dazugehörigen inneren Empfindungen und Wahrnehmungen heraus lebendig wird. Er ist sozusagen eine literarische, eine poetische Gestalt. Aber keine bloße Erfindung, sondern aus den Beziehungen heraus entstanden, die 20 bis 30 Teilnehmer zu dem Dargestellten entwickeln. Und weil es eben eine Gruppe von Teilnehmern ist, ist es für jeden einzelnen immer wieder spannend zu erfahren, was die anderen im Unterschied zu seiner jeweils eigenen Wahrnehmung erfaßt haben. Und weil jeder spürt, wie oft er durch die Äußerungen der anderen Teilnehmer angeregt wird, selber eigene innere Bilder zu produzieren und benennen zu können, verringern sich auch die Konkurrenzgefühle und die Angst vor dem narzißtischen Tod, d.h. dem Zusammenbruch des Selbstwertgefüges in der Gruppe.

Wenn man so will, ist es ein Spielen im Sinne des fair play. Der eine hilft dem anderen jeweils bei seiner Entfaltung. Und wenn mir selber nicht so viel wie dem anderen einfällt, fühle ich mich dennoch innerhalb dieser Gemeinschaft wohl. Und ich muß auch nicht andauernd handeln – d.h. Einfälle produzieren –, ich kann auch nachsinnend verweilen.

Selbstverständlich wurden verschiedene Inhalte zum Schluß der Theorieseminare auch in Fachbegriffen zusammengefaßt, wurden seelische »Mechanismen«, Abwehrprozesse und psychostrukturelle Gegebenheiten auf den Begriff gebracht. Diese Begriffe hatten dann aber eher die Funktion von »Körben«, in die das zuvor Gesammelte hineingepackt werden konnte.

Theorieseminare wie Balintgruppenarbeit haben hinsichtlich des in ihnen stattfindenden Gruppenprozesses viel gemeinsam. Genannt sei insbesondere das Moment, das die Angst vor dem narzißtischen Tod aufgrund des Gefühls, getragen zu werden, mildert. Vielleicht aufgrund dessen auch die Angst vor dem realen Tod mildert ... Dies mag ein wichtiges Motiv dafür sein, auf die Rolle des Homo creator verzichten zu können. Was keine »Technikfeindlichkeit« bedeuten muß, aber Innehalten-Können, Verweilen-Können, Sich-Umschauen, was »gut tut«. Dies läßt sich aber nicht verordnen, sondern geschieht spielerisch. Weswegen Winnicott für den ärztlichen Therapeuten auch sagen konnte, daß er das Spielen erst (wieder) lernen müsse, um ein guter Therapeut zu sein. Was auch für alle anderen gilt, die »gut tun« wollen. Egal mit was.

1 Ab 1997 gelten aufgrund des verringerten Andranges zum Medizinstudium als Zulassungskriterien der Abiturnotendurchschnitt und die Wartezeit. Der »Mediziner-Test« wurde zunächst abgeschafft.

2 S. hierzu auch Schiffer, E. (1990): »Der entfremdete Hunger«, Kap. 11

3 Nun ist das Thema mit dem »Maschinenkörper« nicht sonderlich neu und originell. Schon vor 350 Jahren hat René Descartes sich damit befaßt. Allerdings ist es der Gegenwart vorbehalten, diesen Ansatz radikal in die Praxis umzusetzen und auch seelisch-körperliche Wechselbeziehungen unter dem Maschinenideal zu betrachten.

4 Wenn auch nur eine Minderheit in der Ärzteschaft als Schöpfermensch tätig ist, so spielen doch Identifizierung und Teilhabe an diesem Handeln für das Bewußtsein der anderen eine nicht unwesentliche Rolle.

5 Das gleiche findet man aber auch anderenorts, wie z.B. in der Politik allein schon im Hinblick auf das Thema Umwelt und Arbeitslosigkeit.

6 Wie z.B. die Bilder, die Inge im Laufe ihrer Therapie anfertigte (Kap. 3).

TEIL 3

DER SOLIDARISCHE INDIVIDUALISMUS

17.

Begegnung mit dem poietischen Selbst

»Und nicht zum ersten Mal hat die Kunst vorausfühlende Kraft. Auch heute sind es Künstler, die früher als viele Zeitgenossen verspüren, was im Wahrheitshaushalt der Zivilisation vonnöten ist – nicht weil sie soziologische Studien treiben, sondern weil sie an ihren eigenen Regungen Kriterien ästhetischer Zeitgenossenschaft ablesen …

Bei Proben zu einem seiner Stücke, ich denke, es war beim Berliner Ensemble, hatte ein Schauspieler einen Song auf der Gitarre zu begleiten.

Mit Verblüffung hörte Brecht, daß die Töne der Gitarre nur eine sehr entfernte Idee der Komposition ergaben. Zur Rede gestellt, antwortete der Schauspieler: in dem Stück kommen sieben Akkorde vor, ich kann aber nur drei; doch schließlich spiele ich einen Arbeiter, das ist ein einfacher Mann, bei dem unwahrscheinlich wäre, daß er Stücke mit sieben Akkorden kann.

Daraufhin soll Brecht nachdenklich geworden sein und geantwortet haben: Also gut, lernen Sie die vier übrigen Akkorde und lassen Sie sie dann weg.«

Peter Sloterdijk

Als ich meiner Tochter die Brecht-Anekdote vorlas, meinte sie spontan: »Wohl typisch Brecht ... Es dürfte dem Schauspieler vermutlich sehr schwer fallen, die vier Akkorde dann auch wegfallen zu lassen, wenn er sie tatsächlich noch erlernt hätte. Es sei denn, er wäre ein sehr guter Schauspieler, der auch ohne die vier Akkorde auskommt ...« Ich mußte zustimmen.

Der Spaß, die primäre Lust am Hervorbringen ist groß. Man lese nur die ersten Aufsätze von Schülern einer dritten Grundschulklasse, die noch nicht nach Strich und Faden – sprich: nach Rechtschreibung und Grammatik – mit dem Rotstift verprügelt worden sind. Ein erstaunlicher poetischer Reichtum zeigt sich dann. Gleiches findet sich auch in anderen schöpferischen Situationen. Beispielsweise eine große Leinwand, dahinter eine Lichtquelle und als Vorgabe der Lehrerin: »Ratet mal, wer von euch hinter der Leinwand (teilweise verkleidet) vorbeigeht«. Und: »Was könntet ihr sonst noch mit dem Schatten machen?« Die schöpferische Begeisterung kannte kaum Grenzen.

Gleichzeitig wurde über das Medium Schattenspiel einsichtig, daß die Hervorbringung (Poiesis) der Betrachtung bedarf. Das wird bei dem Schattenspiel besonders deutlich, weil beides weitgehend getrennt erfolgt: Schattenproduzent und Betrachter fallen nicht wie bei der Aufsatz- oder der Bildproduktion anfänglich in eine Person zusammen. Ohne die Rückmeldung des Betrachters wird aus einem spontan-poietischen Schattenspiel sehr bald ein eher aktionistisches Gehampel.

Georg Picht beschreibt die Fähigkeit des Menschen, etwas hervorzubringen, was bislang in seinem persönlichen Lebensbereich oder auch insgesamt noch nicht dagewesen ist, als »das unheimlichste und tiefste Vermögen« des Menschen. Die Philosophie habe sich dieses Vermögens bislang nur randständig angenommen und die moderne Wissenschaft gar nicht: »Kein Wunder, daß es uns bis zum heutigen Tage an Kriterien fehlt, nach denen sich ermitteln ließe, was in dem nahezu unbegrenzten Feld dessen, was Wissenschaft und Technik produzieren könnten, nach den Regeln der Vernunft produziert werden soll.«[1]

Die schöpferische Kraft, etwas hervorzubringen, wirkt als Ur-Kraft – sofern diese nicht mit dem finalen Rotstift und anderen Totschlagmethoden abgewürgt wird oder sich nur noch in zerstörerischer Form wie z.B. bei Wiebke in der Anorexie äußern kann.

Die »Lust, Ursache von etwas zu sein«, die Erkundungslust und die »Wandlung vom erleidenden Objekt zum gestaltenden Subjekt« – die wir bereits kennengelernt haben – können sich als Teilkomponenten schöpferischer Lust entfalten und diese intensivieren.

Das ist beim spontanen Spielen »toll«, bei der Theaterinszenierung einer weiteren Reflexion des Entwurfes wert und bei Wissenschaft und Technik oft ein Problem. Welche Betrachter stehen da jeweils vor der Leinwand und sagen, wo das aktionistische Gehampel anfängt und auf welche Akkorde verzichtet werden könnte, was destruktive Spiele und Techniken sind und was »gut tut«.

Die Poiesis als »unheimlichstes und tiefstes Vermögen« etwas hervorzubringen, läßt Kinder wie Erwachsene sich bis zur Er-Schöpfung im Intermediärbereich verlieren und dabei ein poietisches Selbst-Bewußtsein gewinnen.

Sie bedarf der schöpferischen Pause zum Betrachten, zur Wahrnehmung und zur Reflexion, um nicht unter einen Maschinentakt zu geraten und mit zerstörerischen Produktionen aus Wissenschaft und Technik die Welt zu überfluten.

In der Therapie mit unseren Patienten heißt der Teil dieses Dreisatzes: »...um ein unter das Maschine... geratenes Selbst eben von diesem zu befreien«.

Wahrnehmung und Reflexion des schöpferischen Handelns sind in der Therapie ausgiebig möglich. Wie aber läßt sich reflektiertes schöpferisches Handeln im Alltag als »Vorbeugung« praktizieren?

Nun ist jedem poietischen Handeln ein Entwurf eingewoben - bzw. diesem teilweise auch vorgängig. Er schließt auch schon bei den Handlungen des Kleinkindes Betrachtung und Wahrnehmung mit ein. Reflexion kommt späterhin in unterschiedlichen Weisen und Intensitäten dazu.[2]

Beim Entwerfen sind Homo ludens und Homo faber in ihrem Zusammenspiel, bzw. Zusammenwirken gefragt. Für die gelingende technische Verwirklichung des Entwurfes ist der Homo faber zuständig. Ob der Entwurf selbst »gut tut«, weiß er alleine jedoch nicht, denn seine technische Vernunft reicht dazu nicht aus. Daran gibt es seit Kant keine Zweifel mehr.[3]

Und der Homo ludens? Woher sollte der wissen, was »gut tut«?

Zum Beispiel aus dem eigenbestimmten Spielen, in dem er etwas von seinen eigenen Bedürfnissen und Möglichkeiten erfährt und aus dem Spielen, in dem er etwas von den Bedürfnissen und Möglichkeiten des Du erfährt.

Homo ludens kann darüber das entfalten, was Homo faber allein nicht möglich ist und was bei Kant noch sensus communis, Gemeinsinn, heißt: den Standpunkt eines anderen Menschen verstehen, sich in eine fremde Lebenswelt hineinbegeben zu können. Und – als englischsprachige Variante des sensus communis – einen »gesunden Menschenverstand« (»common sense«) zeigen.

Über das Spielen im Sinne des formalisierten »agon« oder als »match« allein, in dem der Gegner ausgeschaltet werden soll, entfaltet sich der sensus communis als Gemeinsinn oder als gesunder Menschenverstand jedoch nicht. Und auch das Verlieren wird darüber nicht gelernt.

Um zu der anfänglichen Metapher der Leinwand noch einmal zurückzukehren: Begleitet das poietische Selbst ein »Betrachter«, der Erfahrungen mit play und fair play hat und diese auch gelten läßt, wird dieser Betrachter wissen, »was gut tut«.

Ist der Betrachter hingegen ein strafender Großinquisitor – wie bei Agnes – wird das poietische Selbst aus dem Selbst-Bewußtsein verbannt. Läßt der Betrachter nur den Maschinentakt gelten, wird das poietische Selbst vergiftet. Dem menschlichen Takt entfremdet erscheint das Spielen dann selbstzerstörerisch. Wissenschaft und Technik verkommen auf Dauer zu tödlichem, aktionistischem Gehampel. Kreativität allgemein wird zur Zwangshandlung. Denn eine schöpferische Pause zur Wahrnehmung und Reflexion ist in dem Maschinentakt nicht vorgesehen.

Und es gibt noch einen weiteren entscheidenden Unterschied zwischen dem Hervorbringen aus dem fremdbestimmten Maschinentakt und dem aus einem unvergifteten poietischen Selbst: der Verbrauch von Welt.

Wirken Homo ludens und Homo faber mit ihren unterschiedlichen Denksymbolen und Wahrnehmungsweisen, dem Betrachten und Prüfen, in einem guten Sinne zusammen, werden sie auch erfahren, was der Welt und damit ihren Kindern und Enkeln guttut. Ist ihre Beziehung hingegen durch den Maschinentakt fremdbestimmt, werden ihre Hervorbringungen, d.h. ihre Produkte, bald nur noch einem Zweck dienen: konsumiert zu werden. Und dieser

Konsum vollzieht sich ohne Rücksicht auf den Zustand unseres Planeten. Schöpferisches Handeln unter dem Maschinentakt zerstört die Schöpfung. Daher kann Georg Picht auch von dem poietischen Vermögen als dem »unheimlichsten Vermögen« des Menschen sprechen: Schöpfung und Zerstörung werden aus derselben Quelle gespeist.

Es bedarf der Wahrnehmung, nämlich dessen, was das poietische Selbst an welchem Ort in welcher Zeit hervorbringt, um einer blinden Produktion mit ihren zerstörerischen Momenten vorzubeugen. Wahrnehmung heißt im Griechischen aisthesis und liegt dem Begriff »Ästhetik« zugrunde. So erscheint es in diesem Zusammenhang nicht mehr als besonders erstaunlich, daß es – unserem Eingangszitat folgend – die Künstler sind, die vorweg erfassen, was der Welt guttut. Zumindest in unserem Kulturkreis.

Und die Wahrnehmung der Künstler, so Peter Sloterdijk, geht darauf hinaus, daß es unserer Gegenwart guttäte, im Produzieren eher etwas wegzulassen. So wie die vier Akkorde in der Brecht-Inszenierung. Dies läge aber quer zur gegenwärtigen Ideologie – dem »Höher, Schneller, Weiter«[4] – die in unserer Wirtschaftsordnung vorherrscht.

Wahrnehmung birgt nun mindestens zwei gegensätzliche Momente in sich:

1) das Innehalten:

- die schöpferische Pause
- »stillen Einbau von Aufmerksamkeit in Lebensformen« (Peter Sloterdijk)
- Klänge aus der Stille
- »interessenloses Wohlgefallen« (Immanuel Kant)
- Staunen
- »Sein statt Haben« (Erich Fromm)
- »neue Definition von Reichtum« (Ulrich Beck);

2) Erschrecken und Empörung:

– über die Produktion von »Unbewußtheit plus Höchstgeschwindigkeit« (Peter Sloterdijk)

– Befeuerung zeitgenössischer Gehirne durch mediale Informationsmaschinenwaffen

– Verlust eines jeglichen fair play, wenn »Investitionsort, Produktionsort, Steuerort und Wohnort voneinander abgekoppelt gewählt werden« können (Ulrich Beck).[5]

Wenn es dem poietischen Selbst gelingen sollte, diese beiden der Wahrnehmung innewohnenden Momente miteinander zu verknüpfen, mag daraus so etwas wie Aufsässigkeit gegen Wahrnehmungsverhinderung, sprich ziviler Ungehorsam freigesetzt werden.

Die möglichen Formen eines solchen zivilen Ungehorsams in unserer Gegenwart beschreibt der Gesellschaftswissenschaftler Ulrich Beck: »In der veralteten Welt der Industriegesellschaft dominierten zwei ›Arbeitgeber‹: Kapital und Staat. Beide fallen in dieser Funktion chronisch aus. Der Kapitalismus macht und wird mehr und mehr arbeitslos. Das Wort ›leer‹ ist für die Kassen der öffentlichen Hände sogar noch eine gotteslästerliche Untertreibung. Darüber kann man jammern – oder ein neues Aktivitäts- und Identitätszentrum bilden, gestalten, das die demokratische Lebensform verlebendigt: ›öffentliche Arbeit‹. Wenn Öffentlichkeit die Kunst ist, Fremde in ein dauerhaftes Gespräch über ihre ureigensten Angelegenheiten zu verwickeln, dann ist öffentliche Arbeit die Kunst, diesen Worten Taten folgen zu lassen. Was heißt das? Tätiges Mitgefühl: Sie nennen sich ›Abgas-Affen‹, ›Ökobesen‹ oder die ›Toten Dosen‹. Aber es ist nicht nur die Angst vor Zerstörung, die sie antreibt, eher die Wut, daß die meisten Menschen nicht darüber nachdenken, was sie tun. Diese aktive Auflehnung gegen die Gleichgültigkeit hat viele Ziele und Gesichter: Arbeit mit Alten und Behinderten, Obdachlosen und Aids-Kranken, Analphabeten und Ausgeschlossenen, Frauenhäusern, Greenpeace, Amnesty International usw. ›Öffentliche Arbeit‹ meint in diesem Sinne einen Zwitter zwischen Politik, Sorge für andere und alltäglicher Kooperation.

Praktische Kritik: Viele Rechtsanwälte, Steuerberater, Ärzte, Manager, Verwaltungsfachleute usw. wollen ihr berufliches Können einmal anders einsetzen – auf die öffentliche Meinung und Gesetzgebung Einfluß nehmen, Wirtschaftspläne für Selbsthilfegruppen entwerfen, über Steuerflucht aufklären, Schuldner beraten, vertuschte Gefahren aufdecken usw. Warum nicht Preise und Orden für zivilen Widerstand ausloben? (Allerdings sollte man Bürger/innen mit der Vergabe betrauen.)

Aktive Demokratie: Bürgerbeteiligung, Dezentralisierung – in der Verwaltung vieler Städte und Gemeinden ist eine kleine Kulturrevolution ausgebrochen. Sie verspricht nicht nur mehr Wirtschaftlichkeit, sondern auch einen Zugewinn an Demokratie. ›Durch diese Bürgerei bilden sich doch nur Nebenparlamente‹, schimpft ein Ratsherr. Das ist genau der Punkt: Der Appetit auf Demokratie kommt beim Essen. Freiheit schafft, stärkt, erweitert Freiheit.«

Ulrich Beck faßt seine Utopie als »solidarischen Individualismus« zusammen. Aber dies meint nichts anderes als sensus communis, der sich aus den Erfahrungen des play mit Autonomie und fair play mit verantworteter Autonomie speist[6].

Wie eine solche Utopie auch als konkrete Spielerfahrung umgesetzt werden kann, zeigte das Projekt »Schule macht

Staat«. Hier probten eine Woche lang Schüler und Lehrer als gleichberechtigte Bürger einen »solidarischen Individualismus«.[7]

Mehrheitlich handelten die Teilnehmer innerlich motiviert, indem sie nach eigenen Entwürfen einen Staat mit seiner klassischen Gewaltenteilung, politischen Organen, Behörden, freien Einrichtungen, seiner Wirtschaft und Presse als Modell – vom Ministerium bis zum second hand shop – erstellten. Gleichzeitig machten die Schüler wirklichkeitsnahe Erfahrungen mit politischen und wirtschaftlichen Konflikten sowie deren Lösungsproblematiken. (Dies entsprach genau dem, was Ulrich Weiß in seinem Beitrag über projektorientierten Unterricht beschreibt.)

Auch die Eltern, die aktiv oder als Besucher an dem Projekt teilnahmen, spürten etwas von der inneren Motivation der Schülerinnen und Schüler sowie den damit verknüpften schöpferischen Kräften, die sich aus dem play, fair play und sensus communis dieses Projektes heraus entfalteten.

Schöpferisches Handeln ist also das, was unser poietisches Selbst hervorbringt.

Letzteres bedarf aber eines verinnerlichten Betrachters, der weiß, was »gut tut«. Dann kann sich eine ungeheure Kraft entfalten, die uns dem näher bringt, was noch ohne Ort ist – griechisch ou topos – Utopie. Und eben dies bedeutet eine Anstiftung gegen das Resignieren. Davon mehr im letzten Kapitel.

1 Aus: »Die Kunst des Denkens« in: Georg Picht (1969): Wahrheit, Vernunft, Verantwortung, Stuttgart. Das spannende Zitat geht weiter: »Die allgemeine Theorie der Produktion wäre eine der Grundwissenschaften der modernen Welt. Da aber nur ein Teilbereich dieser Theorie, nämlich die Theorie der Kunst im engeren Sinne, bisher überhaupt bearbeitet wurde, müssen wir uns an den höchst unvollkommenen Ansätzen einer Theorie der Kunst orientieren, wenn wir einen ersten Einblick in die Struktur und das kategoriale Gefüge einer möglichen Theorie der Poiesis gewinnen wollen. So wird höchst paradoxerweise jene Wissenschaft, die man unter dem Namen der »Ästhetik« bisher nur einseitig und mißverständlich ausgebildet hat, zu einer Zentralwissenschaft der modernen Welt ...«

2 Eine ausgezeichnete Möglichkeit für diese Reflexion ist z.B. die Situation um die Gute-Nacht-Geschichte (s.hierzu auch das Kap. »Warum Gute-Nacht-Geschichten« in Schiffer, E., Warum Huckleberry Finn nicht süchtig wurde).

3 »Die Gesetzgebung durch Naturbegriffe geschieht durch den Verstand und ist theoretisch (...) Sie kann nur aus gegebenen Gesetzen durch Schlüsse Folgerungen ziehen, die doch immer nur bei der Natur stehen bleiben«. Immanuel Kant: Einleitung (II, Vom Gebiete der Philosophie überhaupt), Kritik der Urteilskraft.

4 Bereits vor 25 Jahren schrieb Wolfgang Schmidbauer unter dem Titel »Homo consumens« den Text zu einem Buch, das unter dem Titel »Weniger ist manchmal mehr« im Jahre 84 erneut aufgelegt worden ist.

5 In dem Spiegel-Aufsatz von Ulrich Beck heißt es weiter »Viele Unternehmer nutzen den niedrigen Steuerstandard der armen Staaten und genießen den hohen Lebensstandard der reichen Staaten. Sie zahlen die Steuern, wo es am billigsten ist, und leben, wo es am schönsten ist. Sie werden zu Trittbrettfahrern teurer Infrastrukturleistungen. (Der Spiegel 20/96)

6 Ein solcher sensus communis stellt dann auch wieder die Voraussetzung für ein Bewußtsein dar, das um die Notwendigkeit von Freiräumen für play und fair play weiß.

7 Wie bereits schon an anderen Schulen Niedersachsens lief das Projekt am Artland-Gymnasium Quakenbrück im April 1996. Quelle: Dokumentation »Schule als Staat«, Schulstaat Artlantis.

18.

Anstiftungen gegen Resignation und Passivität

»›Die Leute haben Sterne, aber es sind nicht die gleichen. Für die einen, die reisen, sind die Sterne Führer. Für andere sind sie nichts als kleine Lichter. Für wieder andere, die Gelehrten, sind sie Probleme. Für meinen Geschäftsmann waren sie Gold. Aber alle diese Sterne schweigen. Du, du wirst Sterne haben, wie sie niemand hat …‹ ›Was willst du sagen?‹
›Wenn du bei Nacht den Himmel anschaust, wird es dir sein, als lachten alle Sterne, weil ich auf einem von ihnen wohne, weil ich auf einem von ihnen lache. Du allein wirst Sterne haben, die lachen können!‹ Und er lachte wieder.«

Antoine de Saint-Exupery

»Durch Phantasie wird das Auge frei. Ohne sie ist das Dasein endloser Wirklichkeiten ein fahles Reich des Toten. Sie ergreift die Tiefe der Wahrheit gegenüber allem bloßen Wissen…«

Karl Jaspers

Etwas bedrückt kam unser Zweitältester mittags nach Hause. Ein Umweltprojekt, an dem er mit seinen Mitschülern mit viel Schwung gearbeitet hatte, drohte zu scheitern. »Die machen so viel Scheiß« – gemeint waren die erwachsenen Ansprechpartner dieses Projektes – »und die meisten von uns wollen resignieren... Und ich glaube, ich werde auch nicht weitermachen ...«

»Das wäre aber schade ... resignieren ...?« – Ungefähr so fiel mein Kommentar dazu aus. Innerlich stolperte ich über das »Resignieren«, ich war damit nicht einverstanden. »Resignieren ist eigentlich nur etwas für ausgebuffte Helfer oder Politiker ...«, ging mein Satz innerlich weiter, was ich mir aber gerade noch verkneifen konnte. So brummelte ich mir in den Bart, daß es schade wäre, wenn so alte Knackärmel das ganze Projekt zum Scheitern brächten.

Erst später dämmerte mir, daß wir zwei unterschiedliche Resignationsformen gemeint hatten: aktive Resignation und passive Resignation.[1] Erstere hatte wohl mein Sohn im Sinn. Letztere befürchtete ich.

Aktive Resignation: Ich erfahre meine Erschöpfbarkeit und Ohnmacht, erkenne diese an. Dies meint jedoch keinen Endzustand, sondern meine früheren Erfahrungen im schöpferischen Handeln ermutigen mich, etwas Neues zu wagen. Aus der »Qual der Sprünge« (Jaspers) zwischen jetzt und »Heiterkeit des Früheren«, d.h. der Vorerfahrungen, »baut aktive Resignation ein Neues, in dem Vergangenes nicht absolut vergangen, sondern geborgen bleibt.«

Aktive Resignation ist in der Nähe der schöpferischen Pause angelegt, läßt sinnvoll verzichten, ist frei vom »Machen-müssen«, ist eine Entfaltungsweise des poietischen Selbst.

Passive Resignation –»ist als stoische das bloße Aushaltenkönnen; sie ist so die unvermeidliche Daseinstechnik für den Augenblick, aber sie wird sogleich der Weg ins Leere, wenn sie mehr sein will.« (Karl Jaspers)

Passive Resignation hat einen Sog in das Nichts, den narzißtischen Tod oder den Zynismus, in die Sucht und den Suizid oder andere Formen der Selbstzerstörung.[2]

Passive Resignation gehört zum »burn out«, dem Ausgebranntsein, wie wir es insbesondere in helfenden Berufen kennen – gleich ob Sozialarbeiter, Krankenschwester, Lehrer oder Arzt.[3]

Und passive Resignation ist ansteckend. In der Begegnung mit Suizidpatienten, körperlich Schwerstkranken, wiederholt rückfälligen Suchtpatienten und chaotisch-unmotivierten Schülern wird immer wieder spürbar, wie das Scheitern den Helfer immer hilfloser werden läßt: zynisch oder distanziert mit vielen Apparaten, Fragebogen und Verwaltung zwischen sich selbst und dem Patienten oder anderweitig Schutzbefohlenen.

Oder der Helfer wird selber krank einschließlich Sucht und Suizid: »Die Suizidraten von Ärzten sind zwei- bis dreimal, die von Ärztinnen fünf- bis sechsmal so hoch wie die der (Durchschnitts-)Bevölkerung. Alkoholkrank und tablettensüchtig wird man im Beruf, die Arbeit macht den Doktor krank, körperlich, seelisch, sozial.«[4]

Ob nun die Weichen bei Überbelastung und Erschöpfung in Richtung der sinnvollen aktiven Resignation oder der zerstörerischen passiven Resignation gestellt werden, hängt entscheidend von unseren Spielerfahrungen und Spielmöglichkeiten ab: Wenn durch *äußere* Ereignisse unsere Handlungsfreiheit eingeschränkt ist, können wir durch die Grauen Herren auch unsere *innere* Freiheit verlieren. Wir sitzen dann in der Mausefalle – ohne Spielräume.

Die inneren Diktatoren sagen uns nämlich z.B.: »Nur dieses Ziel (wie bei Wiebke) ist für dich wichtig, es gibt keine Alternativen!« Oder: »Was, damit willst du schon zufrieden sein, streng dich noch mehr an!« Und: »Hab ich doch gleich gesagt, wird nichts draus, laß es lieber bleiben!«

Gegen die Grauen Herren hilft aber Spielen. Vorbeugend und als Therapie.

Innere Beweglichkeit gewinnen Ärztinnen und Ärzte – und ebenso alle anderen Helfer – zum Beispiel in der Balintgruppe zurück, in der sie ihre Phantasien spielen lassen können. Geheimpfade aus der Mausefalle.

Die Gedanken sind frei ..., heißt es in dem trotzig-optimistischen Lied.

Innere Beweglichkeit kann äußere Unbeweglichkeit zum Teil ausgleichen. Wir halten dann die äußere Unbeweglichkeit besser aus. Zugleich kann innere Beweglichkeit schöpferische neue Lösungen für die äußere festgefahrene Situation entdecken lassen. Neue Entwürfe als Problemlösungen haben immer eine lebendige Phantasie zur Voraussetzung.

Insbesondere das »brainstorming«, in dem die Phantasien einer ganzen Gruppe zusammengetragen werden, erweist sich hierbei als bewährte Methode. Hier gilt die Spielregel, daß in der ersten Phase alles ohne sofortige kritische Sichtung und Einwände gesagt werden kann. An unserem Entwurfmodell orientiert hieße dies, daß sich die Omnipotenzphantasien aller nahezu ungehemmt entfalten und zur Sprache kommen können. Die erste Phase des brainstormings, in der die Einfälle produziert werden, verläuft als Spielphase fast kritikfrei.

»Die Teilnehmer verhalten und fühlen sich wie bei einer Schneeballschlacht. Den Schnee ordentlich bewegen ist fast genauso schön wie einen Volltreffer zu plazieren. In der zweiten Phase der taktvollen Desillusionierung erfolgt eine behutsame kritische Sichtung der bewegten Gedanken, das heißt der gedanklichen Produktionen«.[5]

Homo ludens und Homo faber aller Beteiligten finden sich beim brainstorming zu einer gemeinsamen Entwurfgestaltung zusammen.

Auch hierfür ist die Voraussetzung eine vorgängige Erfahrung im fair play. Gemeint ist damit, darauf verzichten zu können, seinen ursprünglichen Einfall unverändert »durchboxen«, die anderen ausschalten und als Gewinner hervorgehen zu wollen.

Gewinnen können nur alle gemeinsam, indem die Qualität der Einfälle im Zusammenspiel und in der gemeinsamen Entwurfgestaltung immer bessere Problemlösungen ermöglicht.

Sogenannte intelligente Produkte und Problemlösungen bedürfen also nicht nur einer funktionalen Intelligenz, sondern auch der Spielerfahrungen. Aber im Sinne von play und fair play. Match-Dressur verdummt.

Wenn aber dennoch – trotz brainstorming – keine befriedigenden Problemlösungen in einer aktuellen Konflikt- und Problemsituation gefunden werden können? Was bewahrt dann vor dem Umschlag der aktiven in die passive Resignation?

Karl Jaspers spricht von der »Heiterkeit des Früheren« – d.h. der Vorerfahrungen –, das eine Spannung erzeugt, die die aktive Resignation etwas Neues bauen läßt. Diese »durchseelt« den Alltag, »weil sie das Mögliche angesichts des Unmöglichen aktiv ergreifen läßt«. Voraussetzung ist eine lebendige Phantasie aufgrund der früheren Spielerfahrungen. Und eben diese wiederum bleiben in ihrer Heiterkeit in der Phantasie »wie in ewigem Sein geborgen«.

Die Gefühle, die zu den Spielerfahrungen gehören, bleiben mit diesen lebendig verknüpft. Vermöge der Phantasie und ihrer Symbole können Spielerfahrungen und die dazugehörige Heiterkeit immer wieder abgerufen werden. Aus beiden zusammen – Spielerfahrungen und Heiterkeit - speist sich vorwiegend Hoffnung.[6] Phantasie als Re-Produktionsort von Erfahrung und Gefühl entfaltet sich wiederum im Zusammenhang mit lebendigen Spielerfahrungen. Wichtig sind also bereits frühe Spielerfahrungen als Grundlage des Hoffenkönnens.

Ebenso gilt es aber auch, weiterhin das Spielerische, d.h. schöpferische Aktivitäten, im Intermediärbereich zu pflegen.

Donald W. Winnicott sieht diese aus dem Spielen hervorgegangenen Aktivitäten als entscheidend für die Erholung und Druckentlastung des Erwachsenen an. Und Matthias Burisch bezeichnet sie als eine entscheidende Möglichkeit gegen das »burn out-Syndrom«:

Es gehe um die Orientierung an Interessen und Zielen, »die nicht mit Leistung zu erreichen sind«. Burisch orientiert sich an »Kulturgütern wie Musik, Literatur und bildender Kunst, ... Beschäftigungen, die sich selbst genug sind. ›Wer möchte leben ohne den Trost der Bäume‹, fragt ein Buchtitel, aber es kann ebensogut die Erfahrung von Meer oder Gebirge, die Selbstvergessenheit in einer Liebhaberei oder einfach die Versenkung in sich selbst sein, die Frieden gibt. Sich in sich, mit sich wohl zu fühlen, ›wunschlos glücklich‹ zu sein (und zwar, ohne chemisch nachzuhelfen), ist ein Zustand, zu dem jeder seine eigenen Wege finden muß. Schwer, wenn er erst als Erwachsener zu suchen beginnt. Wir täten gut daran, schon unseren Kindern solche Wege vorzuleben, oder sie zumindest nicht zu behindern, wenn sie ihre eigenen suchen.«[7]

Bleibt auf diese Weise die Hoffnung erhalten, werden wir auch wieder handeln, bzw. unsere ursprünglichen Ziele wieder verfolgen können, wenn die äußeren Umstände es erlauben.

In Ernst Blochs »Prinzip Hoffnung« kommt der Phantasie ebenfalls eine entscheidende Bedeutung zu. Als Tagtraum überschreitet sie das Gegebene und fordert immer wieder Veränderungen an. Tagträume werden zu Entwürfen, die als Utopie noch keinen Ort (ou topos) haben. Aber dennoch konkret einlösbar erscheinen. Als Beleg für die Einlösbarkeit von Phantasien benennt auch Bloch das schöpferische Handeln mit seinen umsetzbaren Entwürfen, an deren Anfang immer das kindliche Spielen steht.

Die Hoffnung, die sich aus dieser Erfahrung ableiten läßt, ist immer eine kundige, fundierte Hoffnung: docta spes.

Die Menschen in Las Vegas haben keine Hoffnung mehr. Und Las Vegas ist überall da, wo die Grauen Herren mit Spielvergiftung, Maschinentakt sowie Leistungs- und Produktintrojekten die Menschen beherrschen. Und Homo ludens keine Beziehung mehr zum Homo faber aufnehmen kann. Es sei denn, der kleine Prinz kommt nach Las Vegas.

1 Entlang einer Definition von Karl Jaspers, Philosophie II, Existenzerhellung, 1932

2 Aber auch diesen Erscheinungsweisen kann immer noch ein aktives Moment innewohnen als Protest gegen Überwältigung z.B. durch einen Maschinentakt.

3 Aber auch in allen anderen Berufsgruppen und Situationen ist burn out möglich. Siehe hierzu insbesondere: Burisch, M. (1994): Das Burnout-Syndrom, Theorie der inneren Erschöpfung.

4 Dr. Ellis Huber, Präsident der Ärztekammer Berlin, zu einer Studie der Ärztekammer Berlin, 1996.

5 Schiffer, E.: »Sich fühlen wie bei einer Schneeballschlacht«, in: »Innovatio, Chancen für Wirtschaft und Kultur«, V/91

6 Damit ist die Frage noch nicht ausreichend beantwortet, warum z.B. der Arzt Viktor E. Frankl trotz seiner KZ-Erfahrungen auf Dauer nicht resigniert hat. Frankl selbst schreibt die Beantwortung dieser Frage der persönlichen Sinn-Findung zu: »Der Mensch auf der Suche nach dem Sinn«(1959), Stuttgart. Entlang der Thesen Frankls und auch unseres Buches hat aber auch Sinnfindung etwas mit Phantasie und Spielerfahrung zu tun. Frankl: »Je weniger der Mensch um ein Lebensziel weiß – desto mehr beschleunigt er auf seinem Lebensweg das Tempo ... Denn der Mensch könnte beginnen, sich selbst von der Denk- und Rechenmaschine her zu mißdeuten. Zuerst verstand er sich selbst als ein Geschöpf, und zwar nach dem Ebenbild seines Schöpfergottes. Sodann kam das Maschinenzeitalter, und alsbald begann er sich selbst zu verstehen als Schöpfer, und zwar nach dem Ebenbild seines Geschöpfes, der Maschine ...« Unabhängig davon wäre es schon wichtig, unsere Thesen noch einmal entlang eines Hiob-Schicksales weiter zu verfolgen.

7 Burisch, M. (1994), a.a.O.

Epilog und Danksagung

Das Schlußwort soll eine Schlußfrage sein. Wird es dem kleinen Prinzen in Las Vegas gelingen, Kontakte mit dem vereinsamten Homo faber aufzunehmen? Oder ist es grenzenlos naiv, dies für möglich zu halten? Unsere Welt, in der wir leben, ist verwüstet, indem nur noch das zählt, was zählbar (und zahlbar) ist. Philosophie und Psychologie der Gegenwart sind vorwiegend damit beschäftigt, menschliches Denken und Fühlen im Sinne mathematisch-physikalisch erfaßbarer Abläufe darzustellen. Und der Homo faber wird immer einsamer mit sich selbst. Er kommuniziert mit intelligenten Maschinen, die er selber entworfen und gebaut hat, aber im Berechnen, Planen und Prüfen ihm haushoch überlegen sind.

Trotzdem: Auch wenn in Wirtschaft und Technik, Wissenschaft und Politik immer mehr Graue Herren die Menschen versklaven – Freiheit ist nicht auszählbar. Sie beginnt ganz subversiv immer wieder neu. Im Spielen. Spielen braucht aber Freiräume. Nicht als abgeschottete Privatparadiese und auch nicht nur als utopische Oasen in einer Wüste von Banalität und Ratlosigkeit (Jürgen Habermas) sondern als konkrete Orte in der Utopie von der Umwandelbarkeit der Wüste.

Wenn Sie, liebe Leserinnen und Leser von solch einem Neubeginn im Spielen und den dazugehörigen Freiräumen wissen sollten, dann schreiben Sie mir doch einmal. Eine kurze Mitteilung genügt – so wie Sie mir damals zu dem Buch »Warum Huckleberry Finn nicht süchtig wurde« geschrieben haben. All denen, die mir geschrieben haben, schulde ich großen Dank. Etliche Anregungen habe ich aufnehmen bzw. in weitere Gedankengänge zu diesem Buch einflechten können.

Meine Frau, Heidrun Schiffer, begleitete mich wie bereits schon bei den vorausgegangenen Büchern auch diesmal wieder mit anregenden, kritischen und phantasievollen Gesprächen. Ohne ihre pädagogischen Erfahrungen und ihre Erlebnisse im Schulalltag wäre der Brückenschlag zwischen psychosomatischer Medizin und Pädagogik nicht möglich gewesen. Dank gilt auch den Mitarbeiterinnen und Mitarbeitern unserer Abteilung für Psychotherapeutische und Psychosomatische Medizin am Christlichen Krankenhaus Quakenbrück, die den weiteren Erfahrungshintergrund für dieses Buch darstellte.

Namentlich aus dem Abteilungsteam genannt seien Frau Sylvia Linnemann und Frau Anke Wittig, die den Text am Computer verarbeiten mußten und dabei ihre eigenen Erfahrungen mit dem Homo faber machten.

Kritische Lektüre des Gesamtmanuskriptes, anregende Diskussionen und ergänzende wertvolle Hinweise verdanke ich Paul Gärtner, Quakenbrück; Adelheid Schlarmann-Korte, Lohne i. Oldbg.; Hans Dieter Smekal, Thene-Aurich sowie Rudolf Süsske, Quakenbrück. Kritik und fachlichen Rat zu Teilaspekten verdanke ich Sighard Gsell und Andreas Kuhn-Friedrich, Quakenbrück sowie Petra Oelker, Hamburg und Jan-Reent Schiffer, Potsdam. Es war wiederum eine produktive Rauferei. Und selbstverständlich auch mit dem Illustrator dieses Buches, Alexander Pey,

Köln. Ihm bei seinem schöpferischen Gestalten gelegentlich über die Schulter sehen zu können, war erneut ein großer Spaß.

Dank gilt auch Renate Kosuch als Koautorin sowie Theo Hartogh, Jochen Hering und Uli Weiß als Koautoren, die sich spontan bereit erklärten, ihr Fachwissen und ihre Kompetenz mit in dieses Buch einfließen zu lassen.

Genannt sei (...not least) Claus Koch vom Quadriga Verlag, der auch dieses Buch mit dem ihm eigenen Schwung von Anfang an unterstützte.

Im Frühjahr 1997

Dr. med. Eckhard Schiffer
Christliches Krankenhaus
49602 Quakenbrück

Die Co-Autoren dieses Buches

Theo Hartogh, Jg. 57, Studium der Schulmusik, Musikwissenschaft und Biologie. Nach dem 2. Staatsexamen Gymnasiallehrer in Vechta. Seit 1993 Professor für Musik/Musikpädagogik an der Katholischen Fachhochschule in Norddeutschland. Arbeitsschwerpunkte: Einsatz von Musik in sozialpädagogischen Arbeitsfeldern. Künstlerisches Engagement als Pianist und Chorleiter. Dirigent des Philharmonischen Chores Quakenbrück.

Jochen Hering, Jg. 51, seit 1974 als Lehrer an Schule und Hochschule tätig, promovierte über »Erzählen im Geschichtsunterricht«. Autor zahlreicher Publikationen zu Schule und Unterricht. Zahlreiche Kindersendungen und pädagogische Beiträge für den Rundfunk.

Renate Kosuch, Jg. 63, nach dem Abitur Studium der Psychologie. Während des Studiums an einem Projekt zur gesellschaftlichen Reintegration von Prostituierten in Hamburg beteiligt. Promotion über »Beruflicher Alltag in Naturwissenschaft und Ingenieurswesen, eine geschlechtsvergleichende Untersuchung des Konflikterlebens in einer Männerdomäne«. Seit 1993 Leiterin des Modellvorhabens an der FH Oldenburg »Motivation von Frauen und Mädchen für ein Ingenieursstudium«. Seit Anfang 1997 auch Vizepräsidentin an der FH Oldenburg.

Ulrich Weiß, Jg. 45, zunächst Lehre zum Elektriker, dann Studium zum Diplom-Ingenieur. Zweitstudium u. a. Politische Wissenschaften. Danach Lehrer an der berufsbildenden Schule Tecklenburg in Ibbenbühren. Mitglied im Aufsichtsrat eines Energieunternehmens. Mitinitiator und Mitgestalter eines Alternativ-Kulturfestivals in Lengerich/Westfalen.

Literaturverzeichnis

Anders, Günter (1980): Die Antiquiertheit des Menschen Bd. 2. Über die Zerstörung des Lebens im Zeitalter der dritten industriellen Revolution. Beck, München.

Andresen,Ute (1985): So dumm sind sie nicht. Von der Würde der Kinder in der Schule. Beltz Quadriga, Weinheim und Berlin.

Arendt, Hannah (1981): Vita activa oder Vom tätigen Leben. Piper, München.

Balint, Michael (1994): Angstlust und Regression. Klett-Cotta, Stuttgart.

Bastian, Till u. Themel, Harald (1990): Unsere wahnsinnige Liebe zum Auto. Beltz, Weinheim.

Bloch, Ernst (1959): Das Prinzip Hoffnung, Suhrkamp, Frankfurt/Main.

Burisch, Mathias (1994): Das Burnout-Syndrom: Theorie der inneren Erschöpfung. Springer, Berlin, Heidelberg.

Csikszentmihalyi, Mihaly (1993): Flow. Das Geheimnis des Glücks. Klett-Cotta, Stuttgart.

Cueto, Luis Felipe (1995): Die Umkehr des Blicks. Horlemann, Bad Honnef.

Dornes, Martin (1993): Der kompetente Säugling. Die präverbale Entwicklung des Menschen. Fischer, Frankfurt/Main.

Drewermann, Eugen (1984): Das Eigentliche ist unsichtbar. Der Kleine Prinz tiefenpsychologisch gedeutet. Herder, Freiburg.

Ende, Michael (1973): Momo. Thienemann, Stuttgart.

Erdheim, Mario (1988): Psychoanalyse und Unbewußtheit in der Kultur. Suhrkamp, Frankfurt/Main.

Frankl, Viktor E. (1976): Der Mensch auf der Suche nach dem Sinn. Zur Rehumanisierung der Psychotherapie. Herder, Freiburg.

Freud, Sigmund (1930/1974): Das Unbehagen in der Kultur. Fischer, Frankfurt/Main.

Frisch, Max (1957): Homo Faber. Suhrkamp, Frankfurt/Main.

Fromm, Erich (1979): Die Seele des Menschen: Ihre Fähigkeit zum Guten und zum Bösen. Deutsche Verlags-Anstalt, Stuttgart.

Furrer, Walter (1970): Neue Wege zum Unbewußten. Huber, Bern.

Hartogh, Theo (1995): Spielen mit Klang und Rhythmus. Verlag Die Blaue Eule, Essen.

Hesse, Hermann (1953): Die Gedichte. Suhrkamp, Frankfurt/Main.

Huizinga, Johan (1956): Homo ludens. Vom Ursprung der Kultur im Spiel. Rowohlt, Reinbek.

Janosch (1979): Die Grille und der Maulwurf. Beltz & Gelberg, Weinheim.

Jaspers, Karl (1973): Philosophie II. Existenzerhellung. Springer, Berlin, Heidelberg.

Kant, Immanuel (1968): Kritik der praktischen Vernunft. Suhrkamp, Frankfurt/Main.

Kant, Immanuel (1968): Kritik der Urteilskraft. Suhrkamp, Frankfurt/Main.

Kierkegaard, Sören (1962): Die Krankheit zum Tode. Rowohlt, Reinbek.

Kosuch, Renate (1994): Beruflicher Alltag in Naturwissenschaft und Ingenieurwesen. Eine geschlechtsvergleichende Untersuchung des Konflikterlebens in einer Männerdomäne. Deutscher Studienverlag, Weinheim.

Kuhn, Thomas (1976): Die Struktur wissenschaftlicher Revolutionen. Suhrkamp, Frankfurt/Main.

Leithäuser, Thomas; Löchel, Elfriede u.a. (1991): Lust und Unbehagen an der Technik. Nexus, Frankfurt/Main.

Lickint, Klaus-Gerhard (1996): Die Analyse der Psychoanalyse: Struktur, Herkunft und Zukunft des Psychoanalysierens. Königshausen u. Neumann, Würzburg.

Lindgren, Astrid (1957): Pippi Langstrumpf, Oetinger, Hamburg.

Lindgren, Astrid (1977): Das entschwundene Land. Oetinger, Hamburg.

Meier, Gerhard u. Bachmann, Meinolf (1993): Glücksspiel. Wenn der Traum vom Glück vom Alptraum wird. Springer, Berlin, Heidelberg.

Mentzos, Stavros (1987): Neurotische Konfliktverarbeitung. Fischer, Frankfurt/ Main.

Milne, Alan Alexander (1975): Pu, der Bär. Cecilie Dressler Verlag, Berlin.

Negt, Oskar (1995): Achtundsechzig. Politische Intellektuelle und die Macht. Steidl, Göttingen.

Picht, Georg (1968): Wahrheit, Vernunft, Verantwortung. Klett, Stuttgart.

Sacks, Oliver (1990): Der Mann, der seine Frau mit einem Hut verwechselte. Rowohlt, Reinbek.

Schiffer, Eckhard (1990): Der Entfremdete Hunger. Weltzerstörende Unersättlichkeit als Suche nach Sinn und Geborgenheit. Recom/Gohl, Basel/Baunatal.

Schiffer, Eckhard (1993): Warum Huckleberry Finn nicht süchtig wurde. Anstiftung gegen Sucht und Selbstzerstörung bei Kindern und Jugendlichen. Beltz Quadriga, Weinheim und Berlin.

Schiffer, Eckhard (1994): Warum Hieronymus B. keine Hexe verbrannte. Möglichkeiten und Motive gegen Gewalt bei Kindern und Jugendlichen. Beltz Quadriga,Weinheim und Berlin.

Senghaas-Knobloch, Eva (1991): Lust und Unlust am technischen Fortschritt, in: Leithäuser, T. u.a.: Lust und Unbehagen an der Technik. Nexus, Frankfurt/Main.

Schmidbauer, Wolfgang (1984): Weniger ist manchmal mehr. Zur Psychologie des Konsumverzichts. Rowohlt, Reinbek.

Sloterdijk, Peter (1987): Kopernikanische Mobilmachung und ptolemäische Abrüstung. Suhrkamp, Frankfurt/Main.

Winnicott, Donald W. (1979): Vom Spiel zur Kreativität. Klett-Cotta, Stuttgart.

Zepf, Siegfried (1976): Grundlinien einer materialistischen Theorie psychosomatischer Erkrankungen. Campus, Frankfurt/Main.

Zulliger, Hans (1979): Heilende Kräfte im kindlichen Spiel. Fischer, Frankfurt/Main.

Wir danken dem Karl Rauch Verlag, Düsseldorf, für die Abdruckgenehmigung der Passagen aus »Der kleine Prinz« von Antoine de Saint-Exupéry, © 1952 und © 1956 by Karl Rauch Verlag KG Düsseldorf.

In sich und der Welt ruhen

Wie ensteht Gesundheit? Eine Frage, die sich kaum jemand stellt.
Über die Krankheit haben die Mediziner weitgehend die Gesundheit vergessen. Aber was genau ist Gesundheit, wenn wir sie nicht nur als Abwesenheit von Krankheit betrachten?
Das fragt Eckhard Schiffer, Analytiker, Arzt und Autor des Klassikers zur Suchtprävention *Warum Huckleberry Finn nicht süchtig wurde.* Nicht nach Fehlern und Störungen, die zur Krankheit führen, will er suchen, sondern nach schöpferischen Kräften, die seelische und körperliche Gesundheit von Kindheit an ermöglichen. Dabei stützt er sich auf das Konzept der Salutogenese – wörtlich übersetzt: Gesundheitsentstehung – Aaron Antonovskys und den Begriff der »Kohärenz« als Gefühl, »innerlich zusammengehalten zu werden, nicht zu zerbrechen und auch in äußeren Anbindungen Unterstützung und Halt zu finden«. Hat sich dieses Kohärenzgefühl in der Kindheit entwickelt, kann es in Krisen und Krankheitszuständen abgerufen werden. Dann können wir bedrohlichen Situationen und Belastungen positiv begegnen, wir nehmen sie als Herausforderungen an und zerbrechen nicht an ihnen.

»Schiffer schreibt über diesen inneren, abrufbaren Schatz, diese Stärke und eigene Möglichkeit der Lebensbewältigung, die gesund erhält und gesund macht, jenseits der medizinischen Fehlerfahndung.«
Süddeutsche Zeitung

Eckhard Schiffer
Wie Gesundheit entsteht
Salutogenese: Schatzsuche statt Fehlerfahndung
Beltz Taschenbuch 90
184 Seiten
ISBN 3 407 22090 1

Originalausgabe

BELTZ
Taschenbuch